The Report 2019 on Cultural Creative Industries

2019 文化创意产业研究报告

范 周 主 编
卜希霆 副主编
杨剑飞 执行主编

知识产权出版社
全国百佳图书出版单位
——北京——

图书在版编目（CIP）数据

2019文化创意产业研究报告 / 范周主编 . -- 北京：知识产权出版社，2020.10
ISBN 978-7-5130-7183-3

Ⅰ. ①2… Ⅱ. ①范… Ⅲ. ①文化产业—研究报告—中国—文集—2019 Ⅳ. ①G124

中国版本图书馆CIP数据核字(2020)第176838号

内容提要

本书是2019年第26届白马湖论坛的论文集，精选了20多篇国内专家学者的论文，在"文旅融合""文化空间"和"特色文创"等方面展现了宝贵经验和精彩观点。多角度展示了2019年文化创意产业发展的新现象、新特点和新趋势，尤其是对创意空间中的文化治理、文化教育和文化共享做出了积极探讨。

责任编辑：李石华　　　　　　　　责任印制：孙婷婷

2019文化创意产业研究报告
2019 WENHUA CHUANGYI CHANYE YANJIU BAOGAO

范　周　主　编
卜希霆　副主编　杨剑飞　执行主编

出版发行：知识产权出版社 有限责任公司	网　　址：http://www.ipph.cn
电　　话：010-82004826	http://www.laichushu.com
社　　址：北京市海淀区气象路50号院	邮　　编：100081
责编电话：010-82000860转8072	责编邮箱：lishihua@cnipr.com
发行电话：010-82000860转8101	发行传真：010-82000893
印　　刷：北京中献拓方科技发展有限公司	经　　销：各大网上书店、新华书店及相关书店
开　　本：787mm×1092mm　1/16	印　　张：12
版　　次：2020年10月第1版	印　　次：2020年10月第1次印刷
字　　数：200千字	定　　价：55.00元

ISBN 978-7-5130-7183-3

出版权专有　侵权必究
如有印装质量问题，本社负责调换。

编 委 会

主　　编：范　周
副 主 编：卜希霆
执行主编：杨剑飞
编　　委（按姓氏笔画排序）：

　　卜希霆　于乃明　冯冠超　朱光好　孙　磊　孙长初

　　杨剑飞　李　林　李凤亮　李向民　张国治　张朝霞

　　陈　斌　林昆范　范　周　钮　俊　夏洁秋　黄永林

　　龚志南　翟治平

序言：从五个故事讲起

——回首中国文化产业 20 年

////////////////////////

世界上唯一不变的就是变化本身，而变化在今天表现得更加快速、复杂和多样。我将从五个故事讲起，回首中国文化产业 20 年，对中国的文化产业发展做一次梳理。

一、一次机构调整开启的文化体制改革

第一次机构的调整，真正让中国的文化体制改革进入了实质性的操作阶段。1998 年，文化部文化产业司成立并制定工作规则，这是政府部门第一次设立文化产业专门管理机构，标志着文化产业由民间自发发展阶段进入政府推动阶段。1998 年也是大陆文化产业纳入政府管理体系的元年。一方面，大众文化、流行文化开始兴起；另一方面，文化市场乱象频发。从计划经济条件下的传统文化管理体制，到社会主义市场经济条件下的文化管理体制；从单纯依靠政府投入的文化事业，到政府主导、社会参与的现代公共文化服务体系，伴随着改革开放不断深入的伟大实践，文化领域的改革发展走过了极不平凡的历程，取得了极不平凡的成就。

（一）转变职能创新机制，完善文化管理体制

国家艺术基金"不问出身，只看项目"的资助标准改变了以往财政投入直接"养人"的模式，调动了基层文艺创作的积极性。同时，机构改革之后又出台了一系列和文化相关的法律法规。但是立法的工作现在依然很滞后，在中国的法律中，

文化立法只占我国现行成文法的 4%。可见，我国四个自信中的文化自信立法的道路还很长。

（二）补短板提效能，提升现代公共文化服务体系建设

补短板，提效能，将现代公共文化服务体系纳入国家的重点建设。作为一个拥有 14 亿人口的大国，公共文化是一个保基础的关键，文化体制改革最大的成效就是在公共文化方面有所突破。

（三）文化产业提质增效，向国民经济支柱性产业迈进

2018 年，全国规模以上文化及相关产业的 6 万家企业实现营业收入 89257 亿元，比上年增长 8.2%。文化产业需要提质增效，关键在于它的效能和结构，需要和整个国家的新旧动能转换相一致。

二、一款手机游戏背后的文化科技革命

从 2008 年到 2018 年，游戏产业是增速最快的一个行业。与此同时，中国的游戏用户已经达到 6 亿多人，这个巨大的市场是推动中国的电竞产业发展的良好基础。2022 年的杭州亚运会，电竞将成为正式的比赛项目，由此国家体育总局正式成立了中国第 99 个竞赛管理中心，电竞也变成了世界奥运会的一个候选项目。中国传媒大学在动画学院成立了电竞专业，覆盖本科到博士。今后，打游戏也可以为国争光。

从全球市值前十大公司的变迁中能看到世界发展的趋势。30 年后，AI 智能化的智商会达到 1 万，我们永远无法赶上这样一个快速的互联网时代的人工智能化，但是把这些东西利用好，就可以改变我们现有的思维，包括我们的愿景。正是因为这样，未来最有价值的一定是 AI，从最初的农业、工业一直到互联网，AI 将会成为今后相当长一段时间改变人类生存的基本现实。

"文化+科技"带来了很多东西，包括数字化的文化生产、精准化的文化产品开发，以及网络化的文化传播方式。

三、一场文化节庆带来的文旅融合创新

乌镇戏剧节背后是整个小镇的文艺复兴，从2013年到2019年，从仅有六部参演剧目到现在上演百场剧目，从圈内的小众乐趣到大众的节日狂欢，小镇的整个变化和艺术紧紧联系在一起，乌镇戏剧节已成为推动中西戏剧文化交流的重要平台，是亚洲最具影响力的戏剧节之一。戏剧节，为这个千年古镇带来了充满生机的未来。乌镇从过去的看水、看桥、看古宅，变成可以看戏、展览。这座江南观光型水乡古镇，随着这个文化项目的开启逐年丰富成长，转变为一个文化小镇。以乌镇戏剧节为载体和开端，越来越多的文化活动开始走进乌镇，仅仅是一个古镇的变化，就能够说明文化融入以后对城市、对乡镇起到的重要作用。

根据文化和旅游部数据中心的最新数据，2018年，国内旅游人数达55.39亿人次，同比增长10.8%。我国国内旅游人数呈连年上涨趋势，国内旅游需求增大。去年我国旅游总收入近6万亿元，同比增长10%，全国旅游业对GDP的综合贡献为9.94万亿元，占GDP总量的11.04%。从这些数字来看，文化和旅游融合以后带来的一系列新的变化，都为文创蓝海提供了广阔的空间。

四、"一票难求"凸显文化消费升级

一票难求，说明了文化消费的新升级。中国的文化消费，到了井喷期。如何解决人民日益增长的美好生活需要和不平衡不充分的发展之间的矛盾，成为我们需要不断思考的问题。

（一）加大供给侧结构性改革，破解供需矛盾

加大供给侧改革，破解供需矛盾。这说明，从供给上看，仍存在低端同质化过剩、个性化高质量相对匮乏的现象。且近年来虽然高质量产品供给有所增加，但与我国人民当前旺盛多样的文化需求相比仍然相对不足。

（二）打造文艺精品力作，满足美好生活需要

陈忠实谈《白鹿原》创作的时候也讲到，我们在创作当中一定要下功夫，一定

要下力气。习近平总书记讲过，我们不仅需要高原，我们还需要高峰，需要精品力作。我们要深耕传统文化，推动优秀资源创新性发展。

文化自信是一个国家、一个民族发展中更基本、更深沉、更持久的力量。建立完备的"一带一路"倡议话语体系，掌握推动中华优秀文化走出去的过硬本领，才能够在未来的发展中占据主动权。

中国传媒大学文化发展研究院院长

2020 年 7 月

目　录

第一篇　文旅融合 ……………………………………………………（1）

　　文旅赋能，研学起航：研学旅行与文化旅游的有机融合……………苏瑞国（3）

　　文旅融合视阈中的传统民间信俗创意开发……………………………尚光一（12）

　　科技助力饮食文化价值提升　加快文旅深度融合发展……颜　煌　王润清（19）

　　体育与旅游深度融合　促进城市品牌建设……………………刘阳威　李　丹（28）

　　自媒体促进文旅融合提质升级的路径探析……………………………刘建新（34）

　　产业融合背景下广西文化产业与旅游产业融合发展探析……………梁梅朵（40）

　　大众旅游时代背景下的过度旅游问题及对策…………………………王硕祎（47）

　　文旅融合视角下红色旅游开拓年轻市场策略探究……………………林一民（53）

第二篇　文化空间 ……………………………………………………（59）

　　东溪古镇发展特色产业的思路与对策探讨……………………陈太红　陈　放（61）

　　实体书店从"准公共"化到"准私有"化之创新商业模式……………李育菁（68）

　　工业遗产保护与文化创意产业园融合模式研究
　　　　——以成都东郊记忆为例……………………………………………肖捷飞（86）

文创园区的邻避治理路径探析
　　——以台北松山文创园区为例 ………………………… 房　芳（93）
城市文化空间的升级再造模式探析
　　——以网红书店"西西弗书店"为例 …………………… 吴奕瑶（100）
城市文化治理视角下的城市流动摊贩治理问题研究 ………… 谢　慧（107）

第三篇　特色文创 ………………………………………………………（113）

姑苏地区园林艺术元素在文创产品设计中的应用研究
　　——以首饰设计为例 ………………………… 苏　亚　陆定邦（115）
镬耳墙在现代产品设计中的应用 ……………………… 吴培思　吴启华（127）
文旅融合视阈下高校博物馆文创产品开发的价值及策略 …… 张普彪（136）
平武白马藏族舞蹈的产业化开发 …………………………… 李运国（145）
形神理论对知识产权开发与保护的意义研究 ………… 温一锋　陆定邦（154）
新常态下我国艺术品电商平台的监管路径转向研究 ………… 朱锦程（164）
艺术类高校大学生文化领域创新创业人才培养探讨 ………… 王俊奇（173）

后　记 …………………………………………………………………（181）

第一篇
文旅融合

文旅赋能，研学起航：
研学旅行与文化旅游的有机融合

■ 厦门大学文化创意产业研究中心　苏瑞国

摘　要：研学旅行是融社会调查、参观访问、亲身体验、资料搜集、专家点评、集体活动、同伴互助、自我总结、导师评价等为一体的综合性社会实践活动，是基础教育课程体系中的一门综合实践活动课程。开展研学旅行，有利于推动全面实施素质教育，创新人才培养模式，引导学生主动适应社会，促进书本知识和生活经验的深度融合。

业界预测，未来十年，我国文旅市场规模将达到 30 万亿~50 万亿元。这一体量巨大的产业，天然地与研学旅行具有很高的融合度、延伸性。两者之间的有机融合，将集聚教育、文化、旅游的多重属性，实现研学效果最优化、文旅资源最大利用化，真正实现"寓学于游"的研学活动要求。

关键词：研学旅行；文化旅游；有机融合

一、研学旅行的定义及意义

何为研学旅行？2016 年 11 月 30 日，教育部联合 11 个部委发布的《关于做好中小学生研学旅行工作的通知》中指出，中小学生研学旅行是通过集体旅行、集中食宿等方式开展的研究性学习和旅行性体验相结合的校外教育活动，是学校教育和校外教育衔接的创新形式，是教育教学的重要内容，是综合实践育人的有效途径。

研学旅行是融社会调查、参观访问、亲身体验、资料搜集、专家点评、集体活动、同伴互助、自我总结、导师评价为一体的综合性社会实践活动，是基础教育课程体系中的一门综合实践活动课程。

（一）研学旅行的前世今生

"读万卷书，行万里路"。从古至今，游学之风长盛不衰，无数文人墨客足迹遍及山川江河，也留下了一篇篇脍炙人口的墨宝。其中，最具代表性的当属孔子率众弟子周游列国，沿途与众弟子坐而论道，宣传礼乐文化，孔子的诸多核心观点也在这一时期得以传扬、传承。北宋的沈括自幼随父出游，成年后四方游学，最终著成《梦溪笔谈》。旅圣徐霞客亦是遍访群山万水，收集各地风土人情，汇聚成《徐霞客游记》……

不仅古代中国重视游学，国外亦如是。17世纪，欧洲兴起"大游学"运动，英、德、法、意等国都崇尚"漫游式修学旅行"：最初是将中学毕业的学子送至国外旅行，游历名胜古迹之际，也深入艺术、社交等领域进行学习，后来这种旅行渐成风气，成为知识阶层的一种社会风尚。

现代的修学旅行，最早定义于日本。明治维新时期，日本开始鼓励修学旅行。教学大纲中规定，小学生每年要在本市做一次为期数天的社会学习，初中生每年要在全国做一次为期数天的社会学习，高中生每年则要在世界范围做一次为期数天的社会学习。

近现代的中国，游学也从文人自发行为转变为教育机构倡导、组织。如著名教育家陶行知就是研学旅行的积极倡导者与推动者，曾组织"新安小学长途研学旅行团"做全国性旅行，一路修学，一路宣传抗日，慰劳抗日军人，成为当时闻名国内外的"新旅"。

近十几年，更为注重培养学子综合素养的素质教育成为中国教育事业发展的新趋势，这就要求加强学生的课外见闻，达到"学有成、闻有方"的现代教育要求，研学也因此进入高速发展的新阶段。2003年，上海市率先成立"修学旅行中心"，编纂《修学旅行手册》；2008年，广东省率先把研学旅行列为中小学必修课，将之写进教学大纲；2013年，安徽省、西安市和苏州市开始进行研学旅行试点……

如今，研学已上升到国家关注层面，并获得教育机构、家长等群体的广泛参与，社会参与度、组织度不断提升。2016年11月，教育部联合国家发改委、旅游局等11部门发布了《关于推进中小学生研学旅行的意见》，明确指出要将研学旅行纳入中小学教育教学计划，加强研学旅行基地建设，并对组织管理、安全责任体系和经费筹措机制进行了详细阐述。研学旅行已由促进旅游业发展的单一角度上升到了全面提高中小学生综合素质教育的国家战略高度。2018年，中国旅游研究院等联合发布的《中国研学旅行发展报告》指出，随着素质教育理念的深入和旅游产业的跨界融合，研学旅行的市场需求不断被释放，未来3~5年中国研学旅行市场总体规模将超过千亿元。

（二）研学旅行的多重意义

研学旅行作为素质教育的重要抓手，在国家、教育等层面都意义重大。

从国家层面来讲，研学旅行是贯彻《国家中长期教育改革规划和发展纲要（2010—2020年）》的一个关键落脚点，是公民培育和践行社会主义核心价值观的重要载体。持续推进研学旅行，培育众多有学历、有见识的高素质学子，将为决胜全面建成小康社会、实现中华民族伟大复兴注入强劲的人才动力。同时，开展研学旅行也将推动旅游、文化等产业的新一轮发展，进一步激发社会消费潜能，助力经济高质量发展。

教育方面，研学旅行的直接目的是帮助学生接触社会和自然，在旅游体验中实现学习和锻炼，从而培养生活技能、集体观念、创新精神和实践能力，养成自理自立、文明礼貌、互勉互助、吃苦耐劳、艰苦朴素等优秀品质和精神，增强其社会责任感和实践能力。细分到学校层面，研学旅行是深化基础教育课程改革的重要途径，是推进实施素质教育的重要阵地，是学校教育与校外教育相结合的重要组成部分，也是打造学校文化软实力和教学品牌影响力的重要切入点。

（三）研学旅行的特征

研学旅行，是现行教育体系中的重要补充，天然承担着辅助基础素质教育的职能，因此具备普及性、课程性、教育性、体验性、公益性等特征。

普及性：研学旅行是面向全体中小学生，以班级、年段、学校等为单位组织的集体活动。

课程性：研学旅行是根据教育行政部门的规定在中小学实施的综合实践活动课程，应不同地区、不同年龄、不同学校的实际教育需求制定相关课程。

教育性：研学旅行的宗旨是满足素质教育需求，需注重知识性、科学性和趣味性，注重人文素养的培育。

体验性：让学生在亲力亲为的实践和体验中增长知识，实现人文素养的优化。

公益性：中小学教育属于国家承担主要费用的公共事业，研学旅行是学校开展的教育活动，是素质教育的一个重要环节，活动具有公益性质。因此，政府行政部门要统筹协调，划拨开展研学旅行的专款，尽量减轻学生的旅行经济负担。同时要制定针对研学旅行的景点门票、经营税收有关优惠政策，奖励与推动旅游企业对研学旅行市场进行开发，促进研学旅游的可持续发展。

二、文化旅游的特征及意义

原国家旅游局数据显示：2016 年中国国内旅游收入总和已达到 3.94 万亿元，同比增长 15.22%；2017 年旅游收入为 4.57 万亿元，同比增长 15.99%。未来十年，我国文旅市场规模预计达 30 万亿～50 万亿元。另有数据显示，2017 年中国旅游业对 GDP 的综合贡献为 9.13 万亿元，占 GDP 总量的 11.04%；与之对应的是，全国规模以上文化及相关产业 2017 年实现营业收入 9.2 万亿元，比上年增长 10.8%。

（一）文旅资源的十大分类

文化资源是文化旅游项目或产品开发的基础，一般来说，业界往往将其归纳成以下10种类型。

（1）故居类：主要是依托名人的诞生地或居住地进行旅游开发。

（2）宗教类：依托丰富的宗教资源，开展祭祀、朝拜、修行、参学等主题的旅游活动。

（3）古镇古街古村类：以历史文化、风土民情为旅游吸引力而打造的旅游生态圈。

（4）史前遗址类：具有独特的历史、艺术和审美价值，市场前景广阔。

（5）古代设施类：包括古运河、古长城、城楼、军事防御设施等，将独特的文化主题转化为旅游吸引力。

（6）文化主题公园类：将传统文化与现代游乐结合在一起而形成的一种创新旅游产品。

（7）文化新区、新城类：具备旅游体验核心、旅游服务核心、休闲度假核心、产业配套核心的综合旅游项目。

（8）旅游小镇类：集合了文化体验、娱乐休闲、夜生活、旅游服务、度假生活方式等多重旅游功能，是时下深受热捧的产品类型之一。

（9）文化产业园类：市场经济条件下文化旅游建设的新形态和"文化旅游生产力"的重要组成部分，是以文化为主题的都市体验式休闲消费区。

（10）纪念园类：不同于一般意义上的风景旅游区，纪念园类旅游区的独特性首先在于纪念性精神内涵的吸引力，其次才是娱乐性与美观度吸引力。

（二）发展文旅产业的意义

对于文化与旅游之间的关系，业界曾有几种代表性观点，包括灵魂载体说、核心平台说、资源展示说、表里说等。得到较为广泛认可的是灵魂载体说，即文化是旅游的灵魂、旅游是文化的载体。2009年，文化部和国家旅游局联合发布的《关于促进文化与旅游结合发展的指导意见》中提出："文化是旅游的灵魂，旅游是文化的重要载体。"这一说法在国家文件表述中得到认可与确立。

2018年3月13日，根据国务院机构改革方案，国家旅游局与文化部合并，组建文化和旅游部，不再保留文化部和国家旅游局。作为国务院组成部门，新成立的文化和旅游部的主要职责就是贯彻落实党的宣传文化工作方针政策，研究拟订文化和旅游工作政策措施，统筹规划文化事业、文化产业、旅游业发展，深入实施文化惠民工程，组织实施文化资源普查、挖掘和保护工作，维护各类文化市场包括旅游市场秩序，加强对外文化交流，推动中华文化走出去等。这也标志着，国家开始从顶层设计层面对文旅产业进行战略布局。

从旅游角度来看，文化与旅游的深度融合，有利于整合文化资源进行旅游的综合开发，在保护和开发中达到更深层次的"你中有我，我中有你"的水乳交融效果，实现真正可持续发展。旅游业的传播、宣传功能得到进一步凸显，在文明旅游、红色旅游、文物旅游、研学旅游等方面将有明显加强。

文旅产业在实际推进中，还将对传统产业、城市发展等带来直接的推动作用。以近年来持续推进的传统产业转型升级工作来说，文旅产业可调动第二产业（加工制造业）、第三产业（服务业、运输业等）的协同发展，并在挖掘新趋势、新方向的同时，孕育新的第二、三产业的细分门类、业态，为其注入发展的新动能。此外，文旅产业的发展将直接带动所在区域的城市化建设与消费市场升级，形成持续、广泛的消费热点，对区域内就业、消费等方面的拉动效应显著。

三、研学与文旅的有机融合

研学旅行是文化旅游的一个重要领域，文化旅游则将赋予研学旅行更为丰富的人文内核。"研学＋文旅"的有机融合，将集聚教育、文化、旅游多重属性，实现研学效果最优化、文旅资源最大利用化，真正实现"寓学于游"的研学活动要求。

(一)两者融合的三重意义

(1)国家发展的历史需求。党的十九大报告指出,"我们比历史上任何时期都更接近、更有信心和能力实现中华民族伟大复兴的目标","没有高度的文化自信,没有文化的繁荣兴盛,就没有中华民族伟大复兴"。因此,多数研学旅行都选择把重心放在文化研学上。

(2)教育与旅游属性的融合。研学旅行的关键在于寓教于乐、寓学于游,这就意味着研学旅行的线路应具备可学习性、文化性,换言之,即需与文旅资源深度结合,继而开展有针对性的学习项目、课程,打造场景化、沉浸式的课外教学新模式。基于此,研学旅行与文旅的深度融合将集聚两者本身的教育属性与旅游属性,让历史名胜、博物馆等人文资源与自然景观化为研学活动的教材,帮助中小学生这一研学参与主体更好地通过研学活动培育个人素养和综合能力。

(3)旅游市场的新激发点。从产业角度分析,研学旅行将是一个新的市场激发点,蕴藏着巨大的发展机遇。新东方游学和艾瑞《2019泛游学与营地教育白皮书》显示,2018年,国内"泛游学+营地教育"的市场规模已达946亿元,预计保持20%的年复合增长率。作为一个具有数千年历史的国家,文化与旅游的结合度极高,具备极大的可挖掘领域,寓教于乐、寓学于游的研学旅游将成为一个持续周期长的新兴朝阳产业,成为各地经济的发展新动能。

(二)多方探讨两者融合路径

要实现研学旅行与文化旅游的融合,首先要厘清旅游活动的要素与主体。美国学者罗伯特·麦金托和夏希肯特·格波特认为,旅游活动是由游客、旅游企业、目的地政府和目的地居民在吸引和接待旅游及其游客的过程中产生的现象与关系之和。一般来讲,旅游活动的开展有三个要素,即旅游者、旅游吸引物和旅游产业,旅游者是旅游主体,旅游吸引物为旅游客体,旅游产业为前二者的中介。对应到研学旅行,旅游主体为中小学生、学校及教育行政管理部门,旅游吸引物即文旅资源等旅游目的地，旅游产业则为研学机构、旅行社、营地等，具体分工如下。

（1）旅游主体。中小学生是研学旅行的直接参与者和主体，据统计，2017年全国义务教育阶段在校生共有1.42亿人，将是中国最大的潜在游客群体，他们也是研学旅行产品存在的前提；教育行政管理部门和学校既是研学旅行的保障方，又是研学旅行的决策者和组织者，必须为学生的修学旅行活动保驾护航，提供组织保障、课程保障、安全保障，这些保障决定着研学旅行的最终成效。

（2）旅游吸引物。《2018中国文旅资源发展报告》将文化旅游资源分为五大维度："野性"象征最原始的自然风光，大自然精雕细琢的杰作；"秀雅"象征舒适宜人、绿色生态的旅行环境；"猎奇"象征历史悠久的文化底蕴，新奇的民风习俗；"信仰"象征在旅途中寻找心灵寄托和归属；"烟火"象征地道的当地生活和文化。不同的文化旅游资源，可开发出不同的研学旅游项目。例如在一些历史文化名城区域，可开发主打历史的研学活动，帮助中小学生更深入地了解家乡的历史、文化脉络。

（3）旅游产业。研学机构、活动基地、旅行社等是研学旅行的具体实施者、沟通者，也是开展研学活动的载体与平台。国务院2014年31号文件提出，"支持各地依托自然和文化遗产资源、大型公共设施、知名院校、工矿企业、科研机构，建设一批研学旅行基地，逐步完善接待体系"。旅行社是联系参加研学旅行的学校学生与旅游目的地资源的中介，因为研学旅行的服务对象是中小学学生，必须强调旅行社的专业性和安全性。根据专业性要求，旅行社要有专门服务于研学旅行的部门和专职的研学旅行导游队伍，要有系列研学旅行产品并且不断完善，具有根据学校的需要定制研学旅行线路的能力。

要实现研学旅行与文化旅游的融合，其次要选择好两者融合的模式，打造出具备不同特质、效果的研学旅行产品，可以从理论推广、资源整合、课程设置3个方面切入。

（1）借助高校等智囊资源，制定研学旅行理论及推进后续宣传。高校具有丰厚的师资力量，拥有在教育、心理、历史、文化、人文等领域颇具建树的学者、专家，且具有长期、丰富的教学经验和学术心得。通过借助这些学者、专家的"智动力",结合当下教育发展规律和诉求,制订出具备理论性强、操作性强、针对性强、适用范围广等特征的理论方案。在理论方案制订后,可选择一些学校、机构进行试点性推广,并进一步丰富、完善研学理论。值得注意的是,因为研学主题涵盖中、小学生群体,不同年龄阶段的学生需求并不一致,理论制定时需要因人、因材、因地施教。

(2)深挖文旅资源内核,打造具有特色、内涵的研学产品。不同区域、地区具备的文旅资源有很大的差异性,但这同时也为打造特色产品奠定了基础。换言之,就是应针对区域内文旅资源来制定研学旅行产品,如历史感较强的城市,则强化研学过程的历史性;人文资源丰富的城市,则强调培养学生的人文素养……此外,还应注重文旅资源、教学需求等方面的整合,探索出融学习、互动、娱乐等为一体的综合性研学活动,以实现研学效果的最优化。

(3)注重课程合理设置,实现教育体系化发展。研学旅行,从以往的自发性到如今国家、地方、教学机构等一致重视,从侧面印证了研学活动常态化的重要性。要推进研学旅行的长久、健康发展,就有必要将之纳入中小学的课程体系,注重课程的合理设置,激发学生主体的参与热情。在推进时,需注重课程的趣味性、教学方式的多样性、教学环节的参与性、教学内容的丰富性,真正实现寓教于乐、寓学于游。

(4)巧用现有产业链条,多方合力打造优势研学产品。单一来看,文化、旅游与教育本身就是一个成熟、完善的产业。其中,文化、旅游除具备巨大的产业规模外,已形成一个高效运行、分工明确的产业链,旗下拥有旅行社、教育机构、培训机构等产业链环节。在开展研学旅行工作时,应巧用这些现有的成熟资源来打造产品和服务。如此,一方面避免了重新架构产业链的高昂投入,另一方面可发挥现有资源优势,快速实现优质化服务。例如,学校将烦琐的旅行交由经验丰富的旅行机构代为操作,而集中精力关注"研"和"学",既能转移风险,又能给学生减轻经济负担,使研学旅行既有"学"又有"游"。

文旅融合视阈中的传统民间信俗创意开发*

■ 福建师范大学文化产业系　尚光一

摘　要：传统民间信俗已不仅是人们寻求心灵栖居的载体，更成为带动经济发展的珍贵资源，并且通过与旅游的融合而活化为当下社会生活和文化消费的组成部分。无论从国家战略层面来看，还是就区域环境氛围而言，传统民间信俗创意开发都有着鲜明的时代优势。今后，要基于文旅融合的理念推进传统民间信俗创意开发，宏观理念上，要秉持综合开发理念，打破孤立思维，秉持业态共振、多触角对接的理念来综合推进传统民间信俗创意开发，实现传统民间信俗创意开发的可持续、融入式发展；要秉持闽台合作理念，汲取台湾创意开发经验，努力创造有利条件和合适契机，通过闽台项目合作来凝聚两岸创意智慧，共同推进传统民间信俗创意开发。具体策略上，则要打破"单兵作战""孤立评判"的束缚，综合考量产品开发形态、盈利标准判定、体验模块植入等，不断创新创意开发模式。

关键词：民间信俗；创意；文旅融合；妈祖

随着时代的发展，传统民间信俗不仅是人们寻求心灵栖居的一种载体，更成为带动经济发展的珍贵资源，并且通过与旅游的融合而活化为当下社会生活和文化消费的组成部分。福建传统民间信俗种类繁多、历史悠久、活动频繁，并形成了一些

---

* 国家社科基金青年项目"新形势下大陆出版传媒产品入台传播接受机制及策略研究"（17CXW003）阶段性成果。

具有广泛影响的交流平台，例如关帝文化节、妈祖文化旅游节、保生慈济文化节、陈靖姑文化节、开漳圣王文化节等，尤其是妈祖信俗为福建传统民间信俗的典型代表。2009年9月30日，妈祖信俗入选联合国教科文组织《人类非物质文化遗产代表作名录》，成为全人类共同的精神财富。2016年3月17日公布的《中华人民共和国国民经济和社会发展第十三个规划纲要》在第五十一章第三节中明确指出，要"发挥妈祖文化等民间文化的积极作用"。❶ 而且，在践行"一带一路"倡议的过程中，遍布世界多个国家与地区的妈祖信俗，对构建人类命运共同体和助推21世纪海上丝绸之路发展有着独特的作用。因而，本文选取妈祖信俗作为典型案例，结合借鉴台湾经验的视角来具体探讨传统民间信俗的创意开发策略。

追溯历史，妈祖信俗在宋代就已经开始随着航运贸易的拓展而开始向外传播，元代时围绕三岔河口（今属天津）的天妃宫甚至形成了一个繁荣的商业区。至明清时期，从东北渤海湾沿岸到西部内陆地区的四川、陕西各省，都出现了妈祖宫庙，而台湾地区的妈祖宫庙更是遍布全岛，形成一条由南向北延伸的妈祖信俗中心线，是我国信奉妈祖最普遍、信徒最多的地区。海外传播方面，日本、越南、泰国等周边华人聚居的国家，都建有用以开展信仰活动的妈祖宫庙。时至今日，妈祖信俗已分布于包括美国纽约、法国巴黎在内的世界各大城市，成为具有国际影响力的传统民间信俗。同时，作为一种有着广泛受众的传统民间信俗，围绕妈祖信俗的文化活动、文化衍生品、文化体验项目等规模越来越大，逐渐形成了形式多样、具有自身特色的文化创意业态。伴随这一过程，妈祖信俗创意开发开始进入政府、社会、企业、民众的视野。另外，整体就传统民间信俗与旅游融合开发而言，随着信仰活动的活跃、信众人数的增多、民众消费能力的提升，单纯以"香花券"等名义的门票开发模式已越来越不适应民众的文化消费需要。在这一背景下，对包括妈祖信俗在内的传统民间信俗的创意开发，就成为新的历史条件下推动传统文化资源创意开发的重要内容。

---

❶ 中华人民共和国国民经济和社会发展第十三个五年规划纲要［EB/OL］.（2016-03-17）［2019-2-10］. http：//www.xinhuanet.com//politics/2016lh/2016-03/17/c_1118366322_14.htm.

一、传统民间信俗创意开发的时代优势

随着经济社会的发展和物质生活水平的提高，民众的文化消费能力不断增强，包括传统民间信俗在内的精神文化需求成为民众生活的重要组成部分，并呈现出多层次、多形式、多样化的特点，而涉及传统民间信俗的文创项目也越来越多。可以说，传统民间信俗已不仅是人们寻求心灵栖居的载体，也成为带动经济发展的一种珍贵的资源，并且通过与旅游的融合而活化为当下社会生活和文化消费的组成部分。同时，进入新时代，国家战略层面高度重视文化产业发展，"成为国民经济支柱性产业"被作为"十三五"期间文化产业的奋斗目标。[1]

就区域环境氛围而言，近年来福建深入实施文化强省战略，全面推动文化大发展大繁荣，文化产业取得了长足发展。"十二五"期间，福建省文化产业增加值年均增长12.2%，比同期GDP年均现价增速快0.2个百分点，总量和占比分别居全国第10位和第8位。并且，相较于福建，台湾地区的文化产业起步较早，形成了比较成熟的理论策略、运营模式和人才培养方式，产业链条相对完整，而基于闽台间"地缘相近、血缘相亲、文缘相承、商缘相连、法缘相循"的"五缘"关系，福建在传统民间信俗创意开发的过程中，具有借鉴台湾地区精细开发传统民间信俗经验的先天便利条件。

二、传统民间信俗创意开发的宏观理念

（一）综合开发，实现业态共振对接

近年来，文化产业实践经验证明，在文化意蕴深厚、同时存在多种文化资源的地区，将具有比较优势的文化资源作为核心文化创意业态进行重点打造，使其成为

---

[1] 中华人民共和国国民经济和社会发展第十三个五年规划纲要［EB/OL］.（2016-3-17）［2019-02-10］. http://www.gov.cn/xinwen/2016-03/17/content_5054992.htm.

带动整个地区文化资源创意开发的"增长极",并通过该业态的"极化效应"辐射相对弱势的文化创意业态,有利于使当地的各类文化创意业态形成共生共振,从而在当地构建出协同发展的文化创意业态圈。鉴于此,传统民间信俗创意开发要秉持综合开发理念,打破孤立思维,努力实现相关文化业态的共振对接。

毋庸讳言,近年来,在传统民间信俗创意开发过程中出现了一些颇具争议话题。例如,少林寺过度商业化一度引发热议,"少林欢喜地"网店的开业、定价9900元的《少林武功医宗秘笈》由中华书局出版等事件被媒体广泛讨论。在这一背景下,有一些观点对传统民间信俗是否应该创意开发提出质疑。然而,传统民间信俗作为一种文化现象,其天然具有文创业态开发的潜质。事实上,从古到今,与传统民间信俗有关的香烛、鲜花、宗教器具、经书等文化产品的消费、流通一直存在,并形成了相对稳定的文化市场。之所以当下存在争议,恰恰不是传统民间信俗应不应该创意开发的问题,而是如何扭转过于依靠"高价门票""天价香烛"等低层次文创业态的现象、促进传统民间信俗业态健康发展的问题。因此,就传统民间信俗创意开发的理念而言,首要之处在于摒弃"卖票收费""香烛盈利"的思路和粗犷式文化资源开发模式,而应注重激发多样文创业态的生成、延伸,并使传统民间信俗创意开发融入区域文化产业的发展进程与格局之中,通过"搭车借力"实现共生共赢,为传统民间信俗创意开发的长期、可持续创意开发积蓄充沛的源头活水。

具体以妈祖信俗创意开发为例,一方面,要努力使妈祖信俗的相关业态与莆田乃至福建的文旅融合开发格局相融通。例如,就当地微观环境而言,要基于莆田留青竹刻、莆田下郑草编、莆田上塘银饰、仙游榜头木雕等旅游工艺品业态的客观基础,搭车借力,将妈祖信俗开发植入这些旅游工艺品的创意开发之中,实现"你中有我,我中有你"的创意开发格局。另一方面,就外围对接而言,妈祖信俗创意开发也要主动介入"清新福建""人文莆田"等大旅游的开发过程,积极融入其中,使妈祖信俗成为相关旅游项目文化内涵的元素之一,推动妈祖信俗体验成为区域旅游业态的有机组成部分,共同塑造区域旅游业态的文化内涵与品牌意蕴。可以说,基于业态共振对接的综合开发理念,对于妈祖信俗创意开发的发展有着深远的意义,因而在妈祖信俗创意开发过程中，应打破封闭思维和路径依赖，秉持业态共振、多触角对接的理念来综合推进妈祖信俗创意开发，实现妈祖信俗创意开发的可持续、融入式发展。

（二）闽台合作，借鉴台湾智慧

台湾地区文化产业起步较早，在传统民间信俗创意开发方面积累了不少经验，形成了自身的开发运营特色。以妈祖信俗创意开发为例，台湾地区业界通过围绕台南天后宫、云林北港朝天宫、彰化南瑶宫、台中大甲镇澜宫等妈祖宫庙进行的长期经营，积累了许多有参考价值的文创开发经验。特别是，台湾地区业界注重对妈祖信俗的精细化开发，形成了妈祖文创项目运营中的精细运营特色。例如，基于鹿港天后宫、北港朝天宫等妈祖宫庙的感召力，当地搭建了特色美食、妈祖文创产品、老街旅游、朝拜住宿服务等模块彼此勾连、共生的文化业态，一些做法和经验值得借鉴。因此，在推动传统民间信俗创意开发的过程中，要基于闽台合作的便利条件，重视借鉴台湾地区精细化开发理念，积极引入台湾地区文创运营团队，汲取台湾地区创意开发经验，努力创造有利条件和合适契机，通过闽台项目合作来凝聚两岸创意智慧，共同推进传统民间信俗创意开发。

三、传统民间信俗创意开发的具体举措

传统民间信俗创意开发终究需要落到具体的文创项目、文化产品以及商业模式之上。以妈祖信俗为例，在其创意开发的过程中，在具体策略上应打破"单兵作战""孤立评判"的束缚，综合考量产品开发形态、盈利标准判定、体验模块植入等，不断创新创意开发模式。

首先，要发掘提炼妈祖信俗的文化内核，在此基础上开发多类型、多形态、具有市场吸引力的特色创意产品。特别是，基于自身所蕴含的历史文化元素，妈祖形象天然具有开发为创意产品的潜质，因而今后要在产品形态上大胆创意、不断拓展。

例如，可以将萌化的妈祖形象作为 IP 创意源头，延伸开发出手办、文具等系列特色文化创意产品，引发青少年消费群体的兴趣，为妈祖信俗创意开发的持久性奠定前期基础。

其次，要借势宣传、借台唱戏，将有关妈祖信俗的相关产品、项目、元素等植入周边已有的文化创意开发体系之中，成为其有机组成部分，实现"你中有我、我中有你、和谐共生、共同提升"的整体开发效果。值得注意的是，妈祖信俗是否得到有效开发，往往并非局限于妈祖文创项目本身是否盈利的判定，而应结合当地的文旅融合开发体系进行整体考量。例如，围绕妈祖开发的莆仙戏、话剧、歌舞集等表演产品，本身盈利概率可能并不高，但如将其与八闽文化旅游线路、湄洲岛景区等相关旅游项目进行捆绑，成为所植入项目中的一个组成部分，以增强项目整体的内容丰富度、体验差异性与地域文化吸引力，使相关旅游项目的整体收益得到扩大，反过来也会使妈祖表演产品本身因所植入项目带来的输血功能而获得延续与发展。因而，在推进妈祖信俗创意开发的过程中，应避免将妈祖信俗创意开发看作与当地文旅融合开发体系割裂的独立部分，而应在已开发文创项目的基础上，因地借势，顺势而为，将妈祖信俗的相关元素融入其中，在与当地其他文化元素相辉映、相配合的过程中，反过来提升妈祖信俗创意开发的实际效益，实现妈祖文创项目的自力更生与共生发展。

最后，在推进妈祖信俗创意开发的过程中，要有意识地在产业链条中充分植入体验性模块，并通过提升具体模块的互动性来激发妈祖文创项目收益的延伸效应。实践证明，基于传统民间信俗的创意开发项目，如单纯依靠场景展示和遗址游览，往往前景黯淡，而多点多态地融入互动体验模块是破解这一瓶颈的关键举措。特别是，为推进文旅融合，在将妈祖信俗与当地旅游业态结合的过程中，为避免"走马观花、到此一游"的浅层旅游消费模式，就要积极彰显妈祖信俗所蕴含的文化元素，而要做到这一点，就要在产业链的各个环节植入多种形态、多种类型的互动性体验模块，来打破游客与妈祖信俗之间的隔阂，从而进一步激发游客的旅游消费的潜力。例如，在妈祖信俗的创意开发过程中，可将划船、撒网、海泳、捞气球等常规海洋文化体验项目与妈祖信俗内涵相勾连，通过场景再现、VR\AR\MA 技术植入等方式，使妈祖信俗体验融入当地旅游项目的体验模块之中，从而满足游客多层次的旅游体验需求。再如，在游客参与制作"萌化妈祖手办"等体验活动中，对其制作的妈祖文创产品，可通过加盖特色妈祖纪念 Logo 等方式，将妈祖信俗纪念品返售给游客来进一步扩大项目收益。

四、结语

综上所述，当前精神文化需求已成为民众生活的重要组成部分，而传统民间信俗不仅成为人们寻求心灵栖居的载体，更成为带动经济发展的珍贵资源，并且通过与旅游的融合而活化为当下社会生活和文化消费的组成部分。无论从国家战略层面来看，还是就区域环境氛围而言，传统民间信俗创意开发都有着鲜明的时代优势。今后，要基于文旅融合的理念积极推进传统民间信俗创意开发，为此，在宏观理念上，一方面要秉持综合开发理念，打破孤立思维，秉持业态共振、多触角对接的理念来综合推进传统民间信俗创意开发，实现传统民间信俗创意开发的可持续、融入式发展。另一方面要秉持闽台合作理念，汲取台湾创意开发经验，努力创造有利条件和合适契机，通过闽台项目合作来凝聚两岸创意智慧，共同推进传统民间信俗创意开发。在具体策略上，要打破"单兵作战""孤立评判"的束缚，综合考量产品开发形态、盈利标准判定、体验模块植入等，不断创新创意开发模式。首先，要发掘提炼传统民间信俗信俗的文化内核，在此基础上开发多类型、多形态、具有市场吸引力的特色创意产品。其次，要借势宣传、借台唱戏，将相关产品、项目、元素等植入当地的文旅融合开发体系之中，实现"你中有我、我中有你、和谐共生、共同提升"的整体开发效果。最后，要通过提升具体模块的互动性，激发出传统民间信俗文创项目收益的延伸效应。

科技助力饮食文化价值提升 加快文旅深度融合发展*

■ 首都师范大学文学院　颜　煌
■ 北京舞蹈学院人文学院　王润清

摘　要：民以食为天，旅以食为先。在文旅融合的时代背景下，试图在原有旅游要素的基础上，构建"（食＋住＋行＋游＋购＋娱）·文化"的文旅要素圈层图，主要从微观层面对文旅要素的首位饮食文化进行价值分析，按照吸引链的思路构建提升饮食文化价值的路径，并提出适时运用科技手段和科技元素提升饮食文化价值的具体对策，增加游客的满意度，促进文化产业和旅游产业更好地融合发展。

关键词：文旅融合；文旅要素；饮食文化；文化价值；科技融合

2018 年 4 月，中华人民共和国文化和旅游部成立，标志着我国文化与旅游融合发展进入了新的阶段，体现了国家对文旅融合的重视程度。[1] 习近平总书记指出："旅游是不同国家、不同文化交流互鉴的重要渠道，是发展经济、增加就业的有效手段，也是提高人民生活水平的重要产业。"随着人民生活水平的不断提高，旅游和文化被视为生活休闲的必要组成部分，人们对具有体验感和有文化价值的旅游更加期待。文化是旅游的灵魂，旅游是文化的载体，旅游景点要吸引游者，不单单景观要让人印象深刻，蕴含其中的文化更要赋予游者更多的体验感和享受感。

每一个旅游者都有各自的旅游目的和意义，不管旅游的目的是什么，都不可否

---

* 基金项目：2015 年国家社会科学基金项目的部分研究成果。
[1] 范周. 文旅融合的理论与实践[J]. 人民论坛·学术前沿，2019（11）：4-5.

认,旅游是一种高品位的人生活动。一个为温饱发愁的人,恐怕也不会有旅游的规划。即便大多旅游者都是出于放松身心的目的进行旅游,但旅游不仅仅是游山玩水,旅游者会想通过旅游更多地感受社会的变化,感受异地的风土人情,希望旅游是有收获、有意义的。旅游实质上也是一种学习,旅游的过程,会让你在轻松的、自然而然的状态下看到很多你从未看到的,经历很多从没经历过的。在这个过程中,你会接受到来自不同方面的信息,从而增长阅历。正因这些信息富含文化底蕴,你才能感受到旅游为你带来了丰富的人生阅历。但无论去哪里旅游,最基本的也是必不可少的需求,就是饮食。旅游可以少游、少购、少娱,但绝不能少吃。民以食为天,旅以食为先,饮食文化是中华文化的重要组成部分,对旅游业发展有着不可忽视的促进功能。❶ 那么,如何通过科技手段来提升饮食文化的价值,在更好地满足人们旅游的美好体验的同时,促进文化产业与旅游产业的融合发展呢?

一、文旅要素分析

在我国旅游业处于刚刚起步阶段的 20 世纪末,孙尚清主持出版的《中国旅游经济发展战略研究报告》提出了"食、住、行、游、购、娱"六要素概念。❷ 具体为食(餐饮服务、饭店)、住(宾馆)、行(交通)、游(景区)、购(纪念品)、娱(娱乐休闲)六要素。如今,在文旅融合的背景下,这六要素应变为"(食+住+行+游+购+娱)·文化",在每一个要素中还必须有文化元素注入其中,才能提升各要素的文化价值,也才能促进文旅深度融合,推动文化产业和旅游产业的发展,进而体现文化是旅游的灵魂,旅游是文化的载体。由此构建文旅融合六要素圈层图,如图 1-1 所示。

---

❶ 周莉.哈尔滨饮食文化旅游资源开发的研究[J].中国民族博览,2018(7):70-71.
❷ 国家旅游局.中国旅游年鉴[M].北京:中国旅游出版社,1991:107.

图1-1 文旅融合六要素圈层图

图 1-1 中共有四个圈层,第一圈层即为文旅融合,第二圈层是旅游的基本六要素,第三圈层是每个要素中所包含的具体要素,第四圈层是文化,文化注入第三圈层的相应具体要素中,促使第二圈层的六要素发挥更大的价值,最终使第一圈层的文化旅深度融合。要使文化和旅游深度融合发展,就必须使这六要素同时发生作用,提升每个要素中的文化价值。这样,才能提高旅游的附加值,通过旅游的形式将所要表达和传播的文化呈现,促进文旅融合发展,推动区域经济发展。本文仅从微观层面对旅游要素之首位的饮食要素进行文化价值提升路径和对策的探讨。

二、饮食文化价值的提升路径

饮食也就是所谓的吃,吃无外乎就是图 1-1 中所包括的饭店与景区的距离决定了能否让游客感到方便,饭店的卫生、食品安全决定了能否让游客吃得放心,饭菜的价格决定能否让游客舒心,而饭店的特色、服务理念决定能否让游客开心。通过提升饮食文化价值来促进文旅深度融合,必须建立全方位植入文化的理念,并借助科技力量更好地展现其表现形式,具体实施路径见图 1-2。

从图 1-2 中可以看到提升饮食文化价值带来的促进文旅融合发展的效应,由外

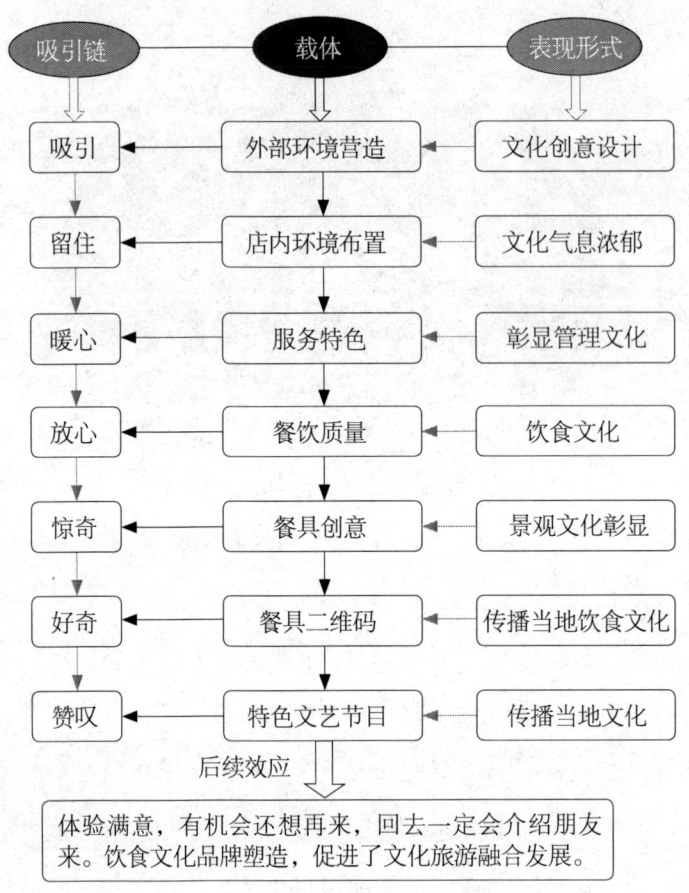

```
吸引链          载体          表现形式
  │             │              │
  ▼             ▼              ▼
┌────┐    ┌──────────┐    ┌──────────┐
│吸引│◀───│外部环境营造│◀───│文化创意设计│
└────┘    └──────────┘    └──────────┘
  │             │
  ▼             ▼
┌────┐    ┌──────────┐    ┌──────────┐
│留住│◀───│店内环境布置│◀───│文化气息浓郁│
└────┘    └──────────┘    └──────────┘
  │             │
  ▼             ▼
┌────┐    ┌──────────┐    ┌──────────┐
│暖心│◀───│ 服务特色 │◀───│彰显管理文化│
└────┘    └──────────┘    └──────────┘
  │             │
  ▼             ▼
┌────┐    ┌──────────┐    ┌──────────┐
│放心│◀───│ 餐饮质量 │◀───│ 饮食文化 │
└────┘    └──────────┘    └──────────┘
  │             │
  ▼             ▼
┌────┐    ┌──────────┐    ┌──────────┐
│惊奇│◀───│ 餐具创意 │◀───│景观文化彰显│
└────┘    └──────────┘    └──────────┘
  │             │
  ▼             ▼
┌────┐    ┌──────────┐    ┌──────────┐
│好奇│◀───│ 餐具二维码│◀───│传播当地饮食文化│
└────┘    └──────────┘    └──────────┘
  │             │
  ▼             ▼
┌────┐    ┌──────────┐    ┌──────────┐
│赞叹│◀───│特色文艺节目│◀───│ 传播当地文化 │
└────┘    └──────────┘    └──────────┘
           后续效应 │
                   ▼
        ┌─────────────────────────┐
        │体验满意,有机会还想再来,回去一定会介绍朋友│
        │来。饮食文化品牌塑造,促进了文化旅游融合发展。│
        └─────────────────────────┘
```

图1-2 饮食文化价值提升路径图

到内,步步升华,直击心灵,一饱口福,二饱眼福,三饱耳福,身心俱爽,赞不绝口。通过文化、创意、科技元素将最基本的要素品位升级,要建立一条吸引链,首先在外观上要吸引游客进入,然后再让游客感受到有内涵,除满足最基本的吃饭问题的服务外,还能享受到文化创意与科技带来的附加体验;餐具造型可以选景区的某些适合于造型的景观设计,再以书画表达、菜的摆盘等形式体现。通过这些来提升相关文化价值留住游客,按此路径打造旅游地的饮食文化品牌,从游客角度,得到了文旅融合带来的美好体验和快乐享受,收到了社会效益;从旅游地角度,能有效将当地民俗、民风、民艺等特色文化传播出去,又吸引游客愿意消费,文化旅游融合收到了经济效益。游客体验满意,就会主动去宣传景区,靠口碑宣传的景区远比主动自我宣传效果更好,品牌也更容易建立。

三、基于科技助力的饮食文化价值提升对策

饮食文化是一种重要的旅游资源，中国饮食四季多样、风味多样、品种繁多，制作精美，工艺流程从简到繁，色香味俱全，是食品也更像是艺术品，不仅饱口腹之需，还有对人体健康有好处的药膳、汤羹等。各地域都有其特色的饮食以及饮食文化，讲究美感、注重情趣、食医结合等。❶ 2018 年 3 月，国务院印发的《关于促进全域旅游发展的指导意见》中提出，推动旅游与科技、教育、文化、卫生、体育融合发展，要加强旅游服务，提升满意指数；推进服务智能化，丰富营销内容；进一步提高饭店、宾馆等旅游宣传推广水平，深入挖掘和展示地区特色；创新营销方式，借助大数据分析加强市场调研，提高营销精准度。现有文旅产业的呈现方式和体验模式被科学技术颠覆性地改变着，科学技术在饮食文化价值开发与提升过程中有着重要的助力和推动作用。❷ 提升饮食文化价值，对于促进文旅融合的作用非常之大，在提升饮食文化价值的过程中，一定要灵活融入科技手段和注入科技元素，充分运用好科技这一助力器，促进文旅融合发展。

（一）加强景区内外周边餐饮服务店的统一规划设计与管理

旅游中吃得如何，在很大程度上影响到旅游时的心情和旅游质量。景区附近的饭店少且价格高，这似乎也是普遍现象；到距离远点的地方去吃，又把旅游的宝贵时间浪费在路上。如何让吃变得方便，这是首先要解决的问题，景区周围配套的餐饮店铺就显得重要了。对于景区周围的餐饮服务行业要加强管理，统一规划，首先，必须保证饮食安全；其次，通过政府等相关部门统一规划餐饮服务和饭店的门头设计，能够体现当地饮食文化特色并传递当地的饮食文化，同时也宣传了旅游所在地。

景区餐饮给人的印象往往是又贵又难吃，这个难吃包括两方面，一是难以找到吃饭

---

❶ 黄莉. 地方饮食文化的挖掘及旅游开发研究［J］. 现代食品，2019（1）：8-10.
❷ 范周. 文旅融合，城市发展新动能［J］. 中州建设，2019（1）：55-56.

的地方，好不容易找到了，又要排队等好长时间；二是饭菜真的难吃，有时按照菜单点好了所谓特色菜，正期待着却又被告知："对不起，您点的某某菜卖完了，再点个其他菜吧。"这样的境遇想必出游的人或多或少都遇到过，这种境遇还能让你开心旅游吗？答案肯定是"不会！"随着网络的发达与各类小程序、App 的流行，我们到一个陌生的环境，除了在网上搜索周边美食，还有就是在实地，通过店面的外观印象来选择就餐地点，那么，餐饮店的外观设计就显得格外重要，建议景区内外餐饮要结合景区景观及景点相关文化或当地文化资源进行文化创意设计，外观设计最好由相关主管部门统一规划设计，考虑不同餐饮菜系的文化注入，确保文化多元，减少重复。店面外观设计是否有文化特色是能否吸引游客的关键。选择一家好的就餐环境，可以让人在旅游的疲劳中，在轻松就餐的同时既得到物质食粮的赋能，也得到精神食粮（文化）的滋补。

（二）就餐排队期间的文化导入与管理文化体现

旅游中，在就餐高峰时，餐饮店几乎都需要排队。对于那些不需要排队的店，游客反而会认为没有特色，不愿意去吃。同时，游客个人的饮食口味偏好也会影响他们选择餐馆。所以，吃饭时排队是难免的。如何能让旅途劳累的游客就餐排队变得轻松开心，这也是旅游管理部门或是餐饮部门要思考的问题。在排队的时间，可以将当地的文化资源以一种轻松参与和观赏消遣的方式呈现，让焦急等待又饥肠辘辘的游客感受到精神愉悦、心情舒畅。将当地的特色小点心做成创意造型可慰藉人们等待、烦躁的心情，如以文字饼的形式"您一定饿了、可以让我先来给您充饥吗、好饭不怕晚、请耐心等待、马上就排到"，等等，可以以一种参与互动的方式品尝，但价格要合理或是免费，让游客本是烦躁的心情能够愉悦安静下来。等排到就餐时，再以一种当地的文化向游客致以道歉，请求其理解，聚餐期间也能将当地的餐桌文化、饮酒文化、茶文化，或是吃饭习俗等向游客传递，让游客吃得开心舒畅，又饱受文化的熏陶，既领略了当地餐饮文化，又学到和感受到了餐饮店一切为顾客服务、让顾客开心的管理与服务的文化理念，可谓物质食粮和精神食粮共享。即便有排队或是前面一些不好的旅游体验或感受，相信通过一顿有礼仪文化内涵的就餐，无形之中还可提高游客文化素质,最后也能各个游客嘴角上扬,露出由衷的灿烂笑容。

(三)就餐环境的文化营造与餐具、菜肴的文化渗透

就餐环境要有文艺范,环境优雅,让人能够感觉非常舒服,饭店很上档次,很有品位,觉得自己在这吃饭很享受。用一只普通餐具盛菜和用一只具有文化艺术、造型精致的餐具盛菜相比,你肯定喜欢后者,功能虽一样,但带给人的感觉和心情却差异很大,哪怕只是吃一碗面,也能享受在简单的饭食之外的文化科学艺术带来的附加快感体验。

抓住现在人们聚餐时先拍照的习惯,在当地特色菜系的餐具上印上二维码或单独的有创意的二维码小牌子,通过科技的手段,为当地的特色菜取个有寓意的菜名,再将菜的来历、配料、营养价值等内容形成一段优美的语音或文字或故事,让游客了解菜系文化,了解养生常识。拍照时顺带扫描关注,只要关注就可送一份精致的当地特色小吃或纪念品,这样既传播了饮食文化,也能更好地吸引游客。

(四)树立勤俭节约和忆苦思甜的饮食文化理念

勤俭是中华民族的传统美德,但随着国家富强,人民生活水平不断提高,餐桌上的浪费现象越来越严重。中国有一句古语"穷家富路",总觉得出门在外要多带些钱,旅游难免要花钱潇洒一些,游玩痛快一点,根本不去体验也体验不到《朱子治家格言》里说的"一粥一饭,当思来之不易;半丝半缕,恒念物力维艰"。若要对来自各地的游客进行勤俭节约的教育,旅游地的餐厅会是最好的场所之一。这种节约教育也势在必行,浪费导致资源枯竭不容忽视,过多的剩饭剩菜带来的环保问题不能不思考。百姓能有今天的和平生活,并可以安全出游各地,能够安坐在餐厅品尝着各地美食,每个人都该感谢为此付出的英雄先辈们。旅游地要有弘扬当地革命烈士的英勇事迹、忆苦思甜的红色文化的主题餐厅,教育和引导游客珍爱和平,缅怀英雄。当我们在悠闲地品尝着美食的时候,有没有想过守卫边防的战士和为保卫和平而逝去的先烈,要结合这方面的主题文化进行餐厅布置和菜名的创意,并通

过菜名来讲述红色故事，让游客树立勤俭节约的饮食文化理念和增强国防意识。

（五）延长文化类场馆等开放时间，科技助力打造灯光宵夜

2019年7月31日召开的国务院常务会议确定了三条促进文化和旅游消费措施。其中第二条指出："发展文化和旅游场所夜间餐饮、购物、文化演出等。"时间对于任何人来说都是宝贵的，对于旅游者来说，更希望能够在有限的时间里享有更多的体验旅游的乐趣，不止白天游玩，现在越来越多的夜间游也能拉动夜经济。艺术馆、博物馆、民俗馆等文化类场馆建议能够延时在夜间开放，目前也有这方面的案例，如国家博物馆就实行了延时开放，得到了市民的支持与好评。但是，也不是所有场馆都能做到延时开放，因为延时是需要运营成本的，成本及长期形成的夜间不开放惯例，也导致人们没有夜间游相关场馆的习惯。随着文旅的热度发展，夜间游也越来越多，有条件开放夜场的场馆尽量开放，条件还不具备的也要创造能开放的条件，文化类场馆实现延时开放，既可让本地上班族有时间参观，增强文化美感，又能给游客多一点时间选择，参观过后，美美地享受一顿艺术宵夜。艺术馆、博物馆周围的夜间小吃就要以艺术文化为主创意经营，如北京南锣鼓巷的文字烧，将当地的特色文化以艺术的创意形式融入饮食中，让宵夜更有文化、更高雅，进而使人们的精神生活更美好，带动餐饮业高质量、有文化内涵地发展，促进文旅深度融合。

夜晚能让人本能地进入放松状态，在这样一种状态下，感受光影技术打造的光束宵夜，享用科技与艺术完美融合的饕餮文艺大餐，人们自然能心情愉悦地感受城市的魅力，享受旅游的快乐。变幻莫测、交相辉映的灯光配上当地的特色小吃，能够很好地促进旅游消费。

对于朝九晚五的上班族来说，其实午餐多是比较简单的，从拉动夜间经济的角度来看，比起午餐，夜间的餐饮更具吸引力、更受到青睐。不管是游客还是本地居民，晚上都需要放松。尤其是游客，无论到哪个城市旅游，一般都会在晚上留出一定的时间游览市区，这时，夜间饮食就有了大显身手之处。城市的夜景观设计要借助高科技，将城市的历史文脉通过光的效果展现出来，使游客能在夜间放慢脚步品

尝当地的美食，大饱口福的同时，也大饱眼福、耳福。

（六）打造饮食文化旅游专线，增设饮食文化主题酒店

在旅游中游客往往对饮食的关注度相对较高，针对这一特点，各地可多规划一些饮食文化旅游专线，如徐州的伏羊节民俗文化游，镇江的醋文化养生游、锅盖面体验游、阳澄湖大闸蟹旅游专线等。各地还可建立饮食文化体验馆、饮食文化主题酒店。❶集中将这些各地的饮食文化旅游专线做成小程序或是 App，将全部饮食文化旅游专线集中，便于饮食文化价值传播，扩大当地影响力和知名度。同时，有创意地设计一些饮食挑战性项目，可以激发游客的参与热情❷，提升文旅融合，促进经济发展。

四、结语

饮食文化价值提升能有效促进文旅融合，它是文旅融合的助力器、润滑剂，有规划、有步骤地提升饮食文化价值势在必行。除以上具体提升对策外，政府及文旅主管部门还要有意识地开发饮食文化资源，同时借助科技手段进行加工提炼，更大限度提升其文化价值，让舌尖上的美食和美食文化更多地吸引游客，进而更好地促进文旅深度融合发展。

---

❶ 屠玉蓉.饮食文化旅游开发探析：以镇江为例［J］.云南社会主义学院学报，2019（1）：139-143.

❷ 张晓楠.基于体验经济的饮食文化旅游产业研究［J］.旅游管理研究，2018（7）：26.

体育与旅游深度融合
促进城市品牌建设

■ 大连艺术学院　刘阳威　李　丹

摘　要：近年来，"体育＋旅游"在国内发展速度惊人，伴随着游客对于休闲旅游、体验式旅游方式的关注与青睐，越来越多的体育项目融入旅游业态，形成"体育＋旅游"的新业态。依据体育旅游的开展方式与场地条件，"体育＋旅游"业态模式可以分为高端运动俱乐部、运动主题公园、体育旅游小镇、运动度假综合体、专业竞技赛事、运动休闲节会六种模式。事实证明，体育旅游对城市形象的提升有显著的作用，特别是国际性的体育赛事，其影响力已远远超出了竞技体育本身，是推进城市社会经济发展的"加速器"，是城市对外加强交流，对内增强凝聚力的重要平台，也是城市展示自身形象、扩大影响力的难得契机。

　　本文在阐述体育业与旅游业融合形式的基础上，对体育旅游对城市发展的影响进行了分析，提出要以产业融合思维推动"体育＋旅游"产品创新开发，进而完善城市品牌建设的具体策略。

关键词：体育；旅游；城市品牌

随着经济全球化的发展，我国城市化已经进入高速发展的阶段，城市间的竞争越来越激烈，城市品牌形象整体反映着城市的精神面貌和经济实力。具有良好城市品牌形象的城市，不但能够吸引世界各地的人们进行观光、旅游或度假、购物、居住、购买地产等投资行为，提高其经济效益，反过来还会显著提升人们对城市的熟知度，不断增强民众对政府的信心，增加信任感和依赖度。城市品牌是一种具有不可估计价值的无形资产。

"体育+旅游"是新的产业形态，体育与旅游具有良好的互动性，尤其是体育赛事与体育健身对旅游业有着重要的影响。据世界旅游组织数据，体育旅游产业年均增长14%，超过旅游产业4%~5%的整体增速，是旅游市场中增长率最快的业态。2018年，中国体育旅游行业市场规模达2605亿元，占旅游市场比重仅约5%，而世界平均水平达15%，发达国家比重甚至高达25%，可见中国体育旅游的发展水平远远落后于世界平均水平。因此，预计中国未来体育旅游的需求空间将持续扩大。总的来看，体育产业为旅游业提供了更丰富的内容，而旅游业则为体育产业提供了方便快捷的保障。体育与旅游的结合进一步丰富了相关产品与服务，延伸了相关产业链条，加快产业合作，是服务业升级发展的必然趋势。

提升城市品牌形象、打造城市品牌是城市发展的重要手段，也是一个系统工程，体育旅游对于城市旅游的可持续发展起到了十分重要的作用，有助于树立独特的城市品牌形象，深化城市文化内涵。

一、体育业与旅游业相融合

（一）体育赛事与旅游业的融合

大型国际体育赛事是由国际体育组织每两年或每四年主办的体育赛事，既包括奥运会这样的综合性赛事，也包括足球世界杯这样的单项赛事。大型国际体育赛事对赛事举办地的旅游业往往会产生深刻的影响。大型活动的瞬间影响效应往往会刺激举办地的短期旅游需求，加大旅游业的波动。为此，越来越多的国际体育组织相继开发出年度分站赛事，对大型体育赛事的瞬间影响效应进行修正。年度分站赛事也是由国际体育组织主办的本项目高水平赛事，与大型体育赛事不同的是，年度分站赛事将全年的分站赛固定在几个举办地举行。这样的安排使举办城市可以在每年的某个时间都举办该项赛事。与大型赛事相比，年度赛事既保证了比赛的高水平与可观赏性，又避免了大型赛事瞬间效应的负面影响，从而更有利于赛事举办地旅游业的长期发展。

（二）体育健身与旅游业的融合

近年来，随着收入的增加和健身意识的增强，我国居民的体育健身活动得到蓬勃发展。与体育赛事相比，体育健身更注重体育活动的参与性而非观赏性。体育健身的参与主体是普通民众，他们由于体育健身产生的旅游需求集中在中低端旅游行业，产生的挤出效应要小得多，更有利于旅游业的稳定发展。

体育健身的另一个发展方向是专业赛事大众化。随着体育健身的发展，有一些健身爱好者的体育竞技水平明显提高，他们渴望与职业或专业运动员同台竞技。为此，一些专业赛事开始吸收普通健身爱好者参赛，促使专业赛事大众化。马拉松赛事即明显呈现出这一发展趋势。

二、体育旅游对城市发展的影响

（一）有利于树立城市品牌，提升城市知名度

大型体育旅游项目的举办能够提升城市品牌形象，使举办城市被赋予特殊色彩，从而塑造城市品牌，尤其是比赛期间，媒体不仅会对赛事进行深层次的报道，还会对举办地的历史文化、人文风景等进行报道。这对于提升城市知名度、吸引更多的人到举办地旅游，具有直观重要的作用。例如，2016年第五届惠州龙舟邀请赛和世界男子水球联赛总决赛在惠州相继举办，中央电视台体育频道对中华龙舟大赛进行了全程直播。毫无疑问，中央主流媒体的直接参与，不仅大大提升了龙舟赛的观赏性和影响力，更将成为充分展示惠州"全国文明城市"形象、提升惠州城市知名度和美誉度的有利契机。

（二）有利于完善城市基础设施，美化自然环境

为满足体育旅游项目的建设要求，举办城市要加强与之配套的城市基础设施和

设备建设，同时要对城市自然环境进行美化，改善空气质量，努力为参赛者及旅游者提供一个洁净、安全、舒适的环境。这将有助于提高主办城市基础设施的运作能力和运作效率。

（三）有利于提高旅游收入，促进可持续发展

大型体育赛事的举办能够大幅度增加旅游经济收入。例如，2008年奥运会为作为决赛分赛场的山东青岛带来了4.34亿元的外汇收入，接待外国游客79.53万人。英国南开普顿是一个拥有19.7万人的小城市，但它的影响力在全球很高，因为这个小城市是每年大帆船比赛的起点。每年1.8万余艘游艇和7.8万名游艇爱好者的到来，使这里成了休闲旅游滨海运动的圣地，同样也为其带来了可观的经济效益。

（四）有利于展示城市魅力，提高人民生活质量

体育旅游项目的开展，为举办城市展示本地区的历史文化、人文风俗提供了大好时机。不仅让外来游客感受到了特色艺术文化的熏陶，也能够对该地的民族特色留有深刻的印象。同时，还可以提高居民对体育活动的关注度，增加他们对参与活动的热情，促使民众树立健康活力、科学合理的生活理念，提高公众的生活质量。

三、基于体育与旅游深度融合进行城市品牌建设的途径

（一）准确定位，合理开发体育旅游项目

品牌定位是城市品牌化战略中最基础和最重要的环节。打造体育旅游城市品牌需要依托当地的自然资源、文化资源和体育资源，确立体育城市品牌的定位和特色。如宁波因其拥有强大的体育产业和丰富的体育资源，又具有承办较多体育赛事的经验，被打造成复合型体育城市品牌。从体育产业与旅游业融合的角度看，需要根据城市的特点协调发展体育旅游项目，如大连利用海滨城市依山环海的特点，大力发展国际马拉松项目、帆船项目、徒步大会以及滑雪项目，既利用体育

赛事树立了良好的城市旅游形象，同时通过大量体育健身活动促进了旅游业的稳定持续发展。

（二）发挥区位优势，提升城市品牌竞争力

体育旅游的发展应充分发挥当地的区位优势，与当地文化紧密结合，重点发展参与度较高的休闲体育项目和竞技体育项目，将旅游、运动、休闲、经济贸易发展进行有机结合，整合地方资源，发挥区位优势，针对体育休闲旅游者主体需求，规划开发出创新、富有地方特色的体育休闲项目，满足体育休闲旅游者个性体验和旅游消费多元化及个性需求。酌情引入大型国际赛事，较大型的旅游城市基础设施比较健全，高端旅游设施比较完备，可以考虑举办更多的体育赛事，进一步提高高端设施的利用效率。小型城市基础设施相对不足，高端设施相对欠缺，则不宜过多地举办体育赛事。

（三）重视体育传播，扩大城市品牌影响力

城市应综合运用新闻、广告、公关、营销等手段对体育旅游项目和城市品牌进行传播，提升城市品牌知名度和影响力。举办城市应将城市的特色与体育赛事的特点相结合进行宣传，营销城市品牌。例如，举办城市应将赛事口号与举办城市相融合，将口号赋予城市的色彩，让人们容易形成品牌联想，树立鲜明的城市品牌形象。2008年的北京奥运会口号"新北京，新奥运"将赛事与城市品牌形象相结合，向世界人民表达了对城市的新展望；2012年的英国伦敦奥运会的口号是"游伦敦，看世界"，从这个口号中可以看出伦敦作为国际大都市的繁华与丰富，了解其多元文化相融合的地区民族特色，树立伦敦的鲜明形象。

当今城市现代化的竞争便是城市文化和品牌的竞争。现在许多城市都把体育旅游品牌建设作为城市文化建设的一个重要组成部分，想方设法打造城市的体育旅游品牌，通过对城市体育赛事营销，提高城市形象，增强城市的吸引力和辐射力。然而，如何成功运用体育旅游来塑造城市品牌却是一个难题。很多城市没能结合城市

特点，盲目模仿跟随，没有形成品牌化、特色化项目，造成资源浪费。还有一些城市，不注重城市品牌传播，仅仅进行体育赛事传播，忽视了赛事对城市深远的价值和意义。体育旅游是一种品牌的时尚、运动的时尚，体育旅游强调的内在价值是标志性的，让城市充满朝气，具有独特性，这就是城市文化的价值所在。

自媒体促进文旅融合提质升级的路径探析

■ 北京航空航天大学人文与社会科学高等研究院　刘建新

摘　要：文化产业和旅游产业融合是当前的大势所趋。自媒体因其信息传播高效及时、辐射面广、互动性强等特点，在促进文旅深度融合的过程中扮演着重要角色。本文在分析自媒体价值和作用的基础上，初步探讨自媒体促进文旅融合提质升级的路径与策略。

关键词：自媒体；文化；旅游；融合发展

旅游是文化实现产业化的一种重要方式和途径，文化则为旅游产业品质的提升提供持续发展的动力。文化产业和旅游产业在文化产品、文化资源、创意设计、消费者群体等方面的共通性，以及它们产业边界的开放性与模糊性使得二者融合、渗透的现象早已存在。[1]文化和旅游融合发展，既能够丰富各自的产业内容，提升文化产业的经济价值和旅游产业的文化价值，又可以促进我国国民经济调结构、转方式，形成交叉产业、聚合产业等产业升级新态势。

早在 2009 年年底，国务院《关于加快发展旅游业的意见》中就将文化产业与旅游产业的融合发展作为未来旅游发展的一个重要方向。2019 年 8 月，国务院办公厅印发《关于进一步激发文化和旅游消费潜力的意见》，指出要顺应文化和旅游消费提质转型升级新趋势，深化文化和旅游领域供给侧结构性改革，提升文化和旅游消费质量水平，激发文化和旅游消费潜力，以高质量文化和旅游供给增强人民群众的

---

[1] 厉建梅. 文旅融合下文化遗产与旅游品牌建设研究［D］. 济南：山东大学，2016.

获得感、幸福感。文化已成为旅游经济竞争的核心，文化因素成为旅游经济发展的决定性因素。

因此，如何促进文旅融合的提质升级，让文化为旅游产业提供可持续发展的驱动力，增强文化产业和旅游产业对我国经济发展的带动作用，已经成为当前我国发展的重大课题。代表最新信息传播模式的自媒体，或许可以为此提供新的契机与可能。

一、自媒体及其传播特点

互联网技术对社会生活的影响巨大而广泛，也带来了传播方式的升级。电视、广播、报纸等传统媒介已经不能满足人们对于即时性、多样性信息的需求，正逐渐失去传播优势，取而代之的是借助于数字多媒体的新型传播媒介——"自媒体"（We Melia）。

对于自媒体这个概念，目前学术界较为认可的是美国学者谢因·波曼与克里斯·威理斯在一份名为 We Melia 的研究报告中所提出的定义：We Melia 是一种普通市民经过数字科技强化、与全球知识体系相连之后，提供并分享他们自身的真实看法和新闻的途径。自媒体自出现以来，便以星火燎原之势迅速发展，在公众之间尤受欢迎，有人将其称为"草根新闻的发源地"，意指自媒体的传播内容源于大众，并且服务大众。目前国内流行的短视频分享 App，诸如抖音、快手以及各类头条号、个人博客、微信公众号等，都可归于自媒体的范畴。

相比较于传统媒体，自媒体的信息传播优势非常明显，具有如下基本特征。一是传播模式的革新。传统媒体以一种"点对面"的广播模式传播信息，即由专业的媒介机构收集、筛选、组合信息，然后再传递给受众群体。这一过程是纵向的、自上而下的。而自媒体创造了一种"面对面"式的传播模式，将原本的纵向传播变成了横向、广覆盖式的传播。二是传播主客体的变化。自媒体平台的进入门槛较低，对于传播主客体的国籍、民族、性别、年龄、地区、职业、受教育程度等均不作严格要求。只要拥有一部联网的智能手机，任何人都可以参与信息过程。三是信息交互的多样化。自媒体平台上设有留言评论、点赞等功能，自媒体博主也常通过粉丝转发抽奖的形式给用户赠送礼物，以加速话题发酵，增加用户黏性。几分钟一更新的话题热榜、粉丝的转发分享，更使得各种新鲜事、热点新闻都能得到近乎病毒式的传播，各个平台之间打通了以往那种"信息孤岛"的状态。四是运营营销的市场化。自媒体运营者可以按照一种"用户＝流量＝金钱"的市场逻辑将流量变现，从而衍生出一种"粉丝经济"的新型商业收益模式。

近年来，自媒体在我国发展迅猛，已成为当下人们信息交流、交往的重要载体，无论是自媒体的类型、内容，还是用户群体、传播方式等，均具有巨大的发展空间和潜力。以 2016 年 9 月上线的短视频分享 App——抖音为例，在不到两年的时间内，其官方宣布的全球月活跃用户数就超过 5 亿人。种种迹象无不表明着自媒体时代已来，我们正步入一个"人人皆可发声，传播无处不在"的信息传播新时代。这种自媒体发展的总体态势与特征，为促进文化和旅游的深度融合、激发文化和旅游消费潜力提供了新的路径和发展方向。

二、自媒体促进文旅融合的价值及作用

早在 20 世纪 60 年代，加拿大传播学学者麦克卢汉便提出了"媒介即讯息"这一著名观点。他认为传播媒介不仅是文化生产和文化传播的工具，同时也决定了文化的类型、风格以及作用于社会现实的方式。自媒体的迅猛发展，对于引领社会整体文化态势、革新文化作用于旅游业的方式和范围发挥着重要作用。

传统旅游大多只能满足人们对于旅游的基本需求，即风景观光。总的来说，景点宣传还停留在"点对面"的传播模式上，旅游信息传播主体单一，主要是景区官方；宣传内容多是"呈现式营销"，平铺直叙地介绍景点构成和景区动态，而少有文化创意因素，文化与旅游界限较为明显；同时，旅游信息传播手段也非常有限，主要是广告、传单和旅行手册。然而，当前游客的兴趣与关注点变得更为广泛，对于

旅游的要求也上升到希望看到更多特色景点、获得更高服务质量和更深文化体验的高度。如果旅游形式还停留在传统的观光体验层面，旅游信息还依旧是介绍景区活动和旅游资讯，宣传方式还是止步于依靠景区官方的力量，势必会显得个性不足，无法通过差异化的内容吸引和打动游客。

作为具备强大传播力量的新型媒介，自媒体所带来的传播模式的变革、传播主客体的扩张、信息交互模式的创新以及流量变现的新型收益模式，推动了旅游业由"山水之乐"向"文化之乐"的转型升级，让文化成为旅游的灵魂，旅游变成文化的载体。

自媒体平台的开放性特点，降低了用户的准入标准。无论是景区官方，还是普通游客，都可以成为文化旅游景点的宣传者。此外，自媒体用户运营的高度自主化，也使得自媒体传播内容、形式愈发多样。景区官方在自媒体平台中推送相关文章和视频时，加入了更多的科普知识、文化故事、文创产品等题材，让传播内容更具有感染力，从而丰富景区形象；旅游博主通过分享旅游经验，介绍旅游路线，为人们文化旅游的衣、食、住、行提供了全面的、可视化的建议；普通人通过微博、朋友圈分享的旅游经历，也把文化信息、旅游信息通过熟人网络传递给了身边人。这些信息的真实性更强，感染力更高，产生的宣传效果也更胜一筹。

旅游信息的高速传播，使得一些从前鲜为人知的文化旅游景点、景区文化故事逐渐为大众所熟知。单是依靠抖音 App 的宣传，西安的摔碗茶馆、昆明的教场中路、重庆的洪崖洞、稻城亚丁等数百个地方就红极一时，成为新晋的文化旅游热门景区。还有许多在从前看起来不足作为旅游景点的地方，例如北京的侨福芳草地商场，也因为自媒体而成为人们的旅游选项。这种自媒体宣传旅游信息、开拓新的文化旅游景点的趋势还在不断强化，促使旅游产业转型升级，挖掘更多的文化旅游景点，深度阐释相关的文化内涵，来满足人们的文化消费需求。

此外，自媒体互动性强的特点还可以帮助景区建立与游客的良好关系。用户可以给景区官方公众号留言，提出意见和建议，帮助景区提升文化服务水平，景区官方也可以通过自媒体平台及时发布旅游信息，宣传景点文化，解答游客疑惑，收集游客反馈。更可贵的是，这种互动是公开可见的，透明度非常高。良好的互动为其他游客做出了示范，能够增强游客对景区的好感，增加景区对潜在游客的吸引力。

三、自媒体激发文化旅游提质升级的路径与对策

自媒体对促进文化和旅游二者的融合起到了重要的引导、传播以及发掘作用。在自媒体的影响下，旅游模式由先前的"观光旅游"转变为"文化旅游""体验旅游"。当然，由于当前自媒体发展时间尚短、整体还处于成长期，对于如何利用自媒体的文化传播优势、发挥自媒体的文化引领作用、促进文化和旅游消费的提质升级，还需要继续积累宝贵经验。笔者认为，可以从以下几点入手。

首先，要建立一个"自媒体＋文化＋旅游"的整体联动机制。自媒体时代，信息权分散在各个社会群体中，要想改变当前传播主体"散兵散户"的状态，各级各地区的文化旅游部门就要凝聚多方力量，形成包含文化旅游主管部门、景区官方、各类社会组织、自媒体大 V 以及普通群众在内的文化旅游信息传播队伍，并且不断拓展文旅融合的参与力量，形成更大的文化合力；文化和旅游部门要出台相关举措，规范自媒体平台旅游、文化信息传播的内容和途径。景区官方要加大对自媒体信息传播的投入，组建高水平的自媒体文化传播团队，可以邀请自媒体平台上影响力较大的博主帮助推广文旅产品和服务。各类社会组织、自媒体大 V 以及普通群众要正确利用自媒体这一新兴媒介，传递有文化水准、积极向上、贴近现实生活的高质量信息。

其次，要加强旅游文化内涵建设，利用自媒体塑造文旅区域特色品牌。开发和利用旅游景区的特色文化，以山水文化、民族文化、红色文化、海洋文化、边关文化等独特的文化资源优势，塑造文化旅游品牌文化、品牌产品、品牌服务等，推动文化和旅游在资源、产业、市场、公共服务等领域深度融合，从而满足旅游消费者日益增长的个性化、多元化的文化旅游需求，是旅游目的地增强竞争力的重要内容，也是旅游产业可持续发展的重要保障。为此，旅游业需要充分发挥自媒体传播速度快、信息覆盖面广的传播优势，向公众宣传文化旅游特色。例如，故宫博物院就借

助微信公众号进行文化传播和"导购",如通过《见字如晤,一封来自紫禁城的情信》推广带有宫廷特色的"廷记·莲"系列女性饰品。类似于这种建立在优质文创产品基础上,将产品与文化进行巧妙契合的软文信息,能够达到满足用户需求、增强自媒体平台活力、拓展景区盈利等多种目的。❶并且,通过自媒体分享非遗传承人制作物件、接受访谈的相关视频,也可以激发人们对景区文化的关注和兴趣,从而开辟特色文化旅游路线。例如,浙江宁波市推出了越窑青瓷之旅等四条非遗路线,使游客在认识非遗的同时,还能感受到非遗背后的历史文化和风土人情。这种方式既让旅游的形式及游客的感悟与体验"新"起来,又让非遗的内涵"活"起来、非遗的品牌"树"起来。

最后,要加强自媒体平台的建设,更好地发挥自媒体促进文化旅游提质升级的价值及作用。自媒体时代强调"内容支配媒介",对于文化旅游景区的宣传也要从加强内容设计、创新运营形式和渠道等方面入手,使用顺应时代潮流的话语体系,让传播内容更加丰富、活泼、有感染力。例如,故宫博物院的公众号"微故宫"推送的《紫禁城的建筑世家》《养心殿里的"工作狂"》就将典型人物或事件与景点融合,有效增强了景点的人文气息。可通过对自媒体用户进行群体细分,针对不同用户的知识水平、受教育程度、旅游需求等情况,采用个性化的推荐方式,增强内容传播的针对性和有效性。还可通过对自媒体旅游内容进行大数据分析等手段,获知游客感兴趣的文化表现形式及关注的热点等内容,不断创新自媒体在文旅融合中的传播模式及途径。此外,文化旅游业也应积极主动地利用自媒体带来的信息红利,创新游客获取旅游资讯的渠道,及时提供各类旅游便捷服务,满足游客的个性化需求。在旅游宣传上要做到内容有料有用、表达有趣有味、互动用心用情。自媒体平台在发挥自身信息优势、发展壮大的同时,也要注重对自身传播内容进行严格把控,治理信息乱象,努力为用户提供真实、有效、可靠的文化旅游信息,为促进文旅深度融合、提质升级发挥更大作用。

---

❶ 文艳霞.旅游景区微信自媒体传播优化策略[J].企业研究,2019(3):21-22.

产业融合背景下广西文化产业与旅游产业融合发展探析

■ 广西艺术学院　梁梅朵

摘　要：2018年，文化和旅游部挂牌成立，标志着文化产业与旅游产业融合发展迈向新的台阶。随着文旅融合趋势的发展，广西文化产业与旅游产业融合也呈现出一定的发展趋势，但在两者的融合程度上仍存在一些问题。本文借助产业融合理论作为理论支撑依据，分析广西文化产业与旅游产业融合发展的制约因素，并对广西文化产业与旅游产业融合发展提出对策，以期为两者的融合提供相应的借鉴。

关键词：产业融合；文化产业；旅游产业

当今，文化产业与旅游产业融合发展已成为一个重要的议题，在大众旅游时代，文化和旅游有着必然的联系，文化是旅游的内涵表达，旅游是文化的重要载体，文化成为旅游的核心竞争力，旅游可为文化开拓市场。因此，两者的融合发展已成为市场经济发展的重要因素和动力，也引起了学者的广泛关注。

一、产业融合理论分析

从不同的角度来研究产业融合，对其概念有不同的理解，从产业创新及产业发展角度来看，产业融合是指不同产业或同一产业在不同行业的技术与制度长信的基础上相互渗透、相互交叉、相互作用而最终融合为一体并逐步形成新的产业形态的发展过程。产业融合理论认为，产业融合是在经济全球化、高新技术迅速发展的大背景下，产业提高生产率和竞争力的一种发展模式和产业组织形式。产业融合主要有三种方式：高新技术的渗透融合、产业间的延伸融合、产业内部的重组融合。

以产业融合理论作为支撑，文化产业与旅游产业的融合，可以是文化资源与旅游资源的相互渗透，以旅游资源挖掘文化元素，以文化资源的打造旅游路线；文化产品和旅游产品的相互交叉，文化产品即是旅游的纪念，旅游产品是文化的表达；文化项目产业链和旅游项目产业链的相互作用，以带动相关产业的发展，实现双赢。

二、国内关于文化产业与旅游产业融合发展的研究概况

文化产业与旅游产业同属于第三产业，本身就具有很强的关联性，文化是旅游的灵魂，旅游是文化的载体，两者之间的融合现象不同程度地客观存在着。随着我国经济的发展，特别是国家产业融合政策的引导，文化产业与旅游产业之间的融合愈发凸显。与之相应，国内专家学者对两者融合发展的研究也逐渐深入。在早中期的研究中，专家学者们主要集中在两者融合的概念、关系、特性、意义、动因、效益等议题方面。近几年研究主要围绕在动力系统、动力要素、动力机制、动力模型、动力要素的协同作用及效应、融合度的量化测度及实证研究等方面，如周春波的《文化与旅游融合动力机制与协同效应》[《社会科学家》2018年2月第2期（总第250期）]。这些研究既是对传统产业融合理论的丰富与发展，也是对具有中国特色的文旅融合发展实践过程阶段性的理论总结。2018年，文化和旅游部挂牌成立，标志着文旅融合发展上升为国家层面的战略思维，文旅融合更是热议的议题，对两者融合发展的研究更为深入和广泛。

三、广西文化产业与旅游产业融合发展状况

（一）广西文化产业发展状况

作为一个欠发达的省区，广西的文化产业起步比较晚，其显示的总体特征为：

文化产业增长高于经济增长;"外围层"比重较大,"核心层"比重较小;地区差异明显;吸纳就业能力不断增强;文化产业经济效益有所提高。但文化产业的发展也存在以下几个问题:文化产业增加值总量小,占 GDP 比重低;文化产业结构不合理;新兴业态发展慢而且不平均;在建项目较多,而且短期内不能产生较大效益;文化市场经营单位及文化及相关产业批发零售业利率下降;文化产品销售行业所占比重低。❶ 总体而言,广西的文化产业发展还是以传统的业态为主,新兴业态比重偏小,对国民经济的支撑能力比较弱,不能成为支柱型产业。但在其自身的发展中,某些业态呈良好的发展态势,如会展业、演艺业、出版业、文博业、节庆业和手工艺制品业等,有些已经成为国际国内的知名文化品牌,如中国东盟博览会、南宁国际民歌艺术节、壮族三月三节庆、钦州坭兴陶手工艺品等。

(二)广西旅游产业发展状况

广西的旅游资源十分丰富且独具特色,是名副其实的旅游资源大省。其中以自然旅游资源最为突出和最具有影响力。"桂林山水甲天下"就是一大世界知名旅游品牌,而青山秀水,洞奇、林绿、海阔、瀑飞、田美是广西自然风光的一大特色。此外,广西的人文旅游资源也相当丰富,本省居住着 12 个民族,因此具有浓郁的民族文化风情。这些资源为广西旅游业发展奠定了雄厚的基础。多年来,广西依托丰富的旅游资源大力发展旅游业,力图实现由旅游资源大省向旅游经济强省的转变。

相对于文化产业,广西的旅游产业经过多年的发展,已成为广西的支柱型产业,并形成了较为完善的产业体系。中国东盟博览会永久落户南宁,为广西旅游业的发展起到了促进作用,国际航线的开辟、国内航线的增加、星级酒店的兴建以及各类特色节庆活动的举办,都带动了旅游业的发展,为旅游项目聚集了人气。近年来,广西旅游业保持强劲的发展势头。2013—2018 年,广西旅游收入每年以 30%的年均复合增长率保持增长。2018 年全年接待国内外游客 6.83 亿人次,同比增长

---

❶ 广西文化产业跨越发展行动计划(2017—2020)[EB/OL].(2019-05-20)[2019-12-10]. http://www.lzwhchy.com/news/449.html.

30.6%，旅游总收入 7619.9 亿元，同比增长 36.6%。

（三）广西文化产业与旅游产业融合发展状况

近年来，广西大力发展旅游业，在有意识地引导文化与旅游相融合方面有所作为，也有所成效。广西旅游业能保持较快的发展速度，与文化产业融合发展是分不开的。文旅的融合给旅游产品注入了新活力，也给文化产品带来了生机，两者发展相得益彰。在两者融合发展方面，广西有几个典型的成功案例。一是《印象刘三姐》在漓江上的实景演出，使文化产业项目以嵌入方式与旅游业融合发展，通过实景演出带动相关产业发展，增加地方经济收益，即嵌入式融合；二是巴马长寿养生基地，利用得天独厚的自然资源和长寿资源打造长寿养生文化品牌，使得旅游业依托长寿养生文化品牌融合发展，即依托式融合；三是贺州的黄姚古镇，利用古建筑文化发展旅游业，又在古镇建设文化产业园区融合发展，即反哺培育式融合；四是三江县侗族民族风情游，在景区内建造"侗乡鸟巢"，举办各种民族风情的游艺活动，又打造大型侗族实景演出《坐妹》来融合发展，即交叉式融合；五是打响"两会一节"（即中国东盟博览会、中国东盟商务与投资峰会、南宁国际民歌艺术节）文化品牌，扩大影响力与知名度，助推南宁甚至广西的旅游融合发展，即助推式融合。

（四）广西文化产业与旅游产业融合发展存在的制约因素

虽然广西在文化产业与旅游产业融合发展方面已有一些成果，却不容乐观，在现实中仍存在着诸多制约文化产业与旅游产业融合发展的因素。一是经济实力对文旅融合的支撑力不足。改革开放几十年，广西的经济有了很大的发展，但与发达的省份相比，差距依旧相当大。2018 年，广西的国民生产总值是 20352.5 亿元，财政收入是 2790.3 亿元，两者都分别相当于广东的 1/5、江苏的 1/4、浙江的 1/2。经济是基础，也是文化产业、旅游产业及文旅融合发展的支撑动力。在一个欠发达的地区，政府的财力支撑和民间资本的投入都会很有限。二是文化产业自身的不足制约融合发展的进程。广西的文化产业总量、规模偏小，还处于发展的低端水平。文化企业数量不多，且多是中小微企业，缺乏主动参与文旅融合的意识和愿望，同时也缺乏融合的资金和人才。三是广西现阶段的文旅融合仍然存在着融合度不深、不广、不透的问题，且大部分融合水平不高。广西在文化资源方面有红色文化、民族民俗文化、海洋文化、边关文化等，但这些文化资源没有得到较好的挖掘与开发，旅游的行动大部分停留在看风景、拍照留念的层面，因此旅游价值的体现上并不深刻。四是人才缺乏。文旅融合发展需要人才来实现及完成，但这恰是广西面临的严重问题。广西文化产业、旅游产业的人才培养主要依托于广西区内的各大高校，但开设文化产业管理专业的高校屈指可数，有广西艺术学院、广西师范大学；开设旅游管理专业的高校有广西大学、广西民族大学、桂林电子科技大学、桂林理工大学、广西科技大学等；而以文化旅游命名的专业尚未出现，只有广西艺术学院的文化产业管理专业开设有文化旅游专业方向。在这样的情况下，广西在文化产业、旅游产业方面的人才本身就缺乏，并且还在流失。从顶层设计来看，懂融合、会融合、善于融合的人才更少，那些高端的、领军人才更是凤毛麟角。

四、广西文化产业与旅游产业融合发展的对策

（一）规划先行，做好顶层设计

在文化产业与旅游产业融合的大环境下，需要出台规划对其发展进行指导，做好顶层设计推动广西文旅融合的发展。首先，可从组织编制广西文化产业与旅游产业融合发展规划入手，从自治区层面谋布局，做好文旅融合发展这篇大文章，各县市也应制定各自的发展规划。其次，在自治区层面摸清家底，整合资源，优化整体布局，形成全区融合发展一盘棋。避免一些县市毫无章法地单打独斗，各自为战。重点防治恶性竞争的现象出现。最后，制定及完善推动文旅融合发展的相关法规和政策，提出要求分明奖惩，明确倾斜及优惠。

（二）进一步理顺文旅融合发展的体制及机制

文化与旅游两个职能部门合并后，形成了一个统一管理、指导文旅融合发展的

机构。但在实际中，很多地方文化产业及旅游产业是分属于两个不同的内设机构来管理和指导。以往的问题只是由原来的外部协调变为内部协调，仍然需要协调，需要进一步地理顺。

（三）对原有的文旅融合发展成果进行完善提升

为促进广西已有文旅融合项目的进一步发展，需对现有的文旅融合项目进行完善和提升。可组织有关方面的专家、学者、研究人员、设计人员有计划地、分期分批地对原有的文旅融合项目进行一次全面的体检，把脉、纠正、推动这些文旅融合发展项目进行自身的完善提升，以解决融合度不深、不广、不透的问题，将其打造成文旅融合的项目精品。

（四）推动文旅融合发展的新项目有序地开发建设

2017年，广西文化厅印发《广西文化产业跨越发展行动计划》，其中提出到2020年，形成多方位、多层面、多维度文化与旅游深度融合产业，培育5~10个凸显广西特色，具有一定影响力的文化旅游区。❶因此，在文旅融合新项目的建设上应以政府规划为指导，一是在项目的完成方面要有任务上的要求；二是要有政策上的支持；三是在规划设计上有专家的指导。提升在规划设计上标准，才能避免低水平的、粗糙的、同质化的建设，避免文化及旅游资源上的浪费。

（五）大力培育和建设文旅融合消费市场

广西的文化资源非常丰富，同时还是一个旅游资源大省。如何把文化资源转化成为文化产品，把旅游资源转化成旅游产品；如何挖掘旅游产品的文化元素，如何将文化元素嵌入旅游产品；文化产品如何与旅游产品相通融入，这是文旅融合发展

---

❶ 广西壮族自治区党委宣传部调研组.广西文化产业发展现状、存在的主要问题及其对策［EB/OL］.（2015-03-15）［2019-12-10］.https://wenku.baidu.com/view/45cb38acb14e852458fb5794.html.

项目及文旅消费市场形成的关键，也是文旅融合的关键所在。在整体的统一布局下，组织有关专家学者及相关人员进行研究、鉴别，通过创意策划、规划设计形成文旅融合发展的项目，通过项目建设逐步培育形成文旅融合发展的消费市场。

（六）注重人才的引进、培养及借用

在文化产业与旅游产业融合的人才方面，可以采用以下三种方法：引进、培养和借用。在人才引进方面，加大人才引进力度，创新人才的引进机制，不同层次的人才采取不同的办法，对于高端的人才，可以采取特殊的优惠待遇和奖励办法来引进。在人才培养方面，加强"产学研"的合作，以企业、高校、科研机构三者联合，企业需要高校、科研机构的智力支持，高校、科研机构能够更好地满足企事业单位和机构的发展需要。加强"产学研"的互动与合作，避免人才与市场、社会脱钩，采取定向式的人才培养方式。在人才借用方面，善于借用人才，不追求为我所有，只追求为我所用。定期或不定期地邀请一些区外、区内的专家或学者、研究人员来讲学、参观、指导，或者专门请来调研，为一个项目、一家企业、一个县市的文旅融合发展出谋划策。

（七）完善和创新投融资渠道

第一，政府要继续加大对文旅融合发展的资金投入，特别是要加大对相对弱小的文化产业的投资力度。通过各种优惠政策，如贷款贴息、低息、财政补贴奖励进行扶持。第二，建立文旅融合发展的专项基金，支持文旅融合发展的重点项目开发建设。第三，制定鼓励文旅融合发展的投资优惠政策，吸引各方资金投入文旅融合项目。第四，拓宽融资渠道，文旅企业在项目开发中可以采取项目参股、合作经营、经营权转让或半转让等方式进行。

大众旅游时代背景下的过度旅游问题及对策

■ 中国传媒大学文化产业管理学院　王硕祎

摘　要：近年来，随着我国经济社会的发展和人民生活水平的提高，旅游已经逐渐成为大众消费市场中的宠儿。与此同时，人口过度聚集给热门旅游城市及景区造成的过度旅游等问题也愈发频繁地出现。本文将以此为切入点，梳理过度旅游问题及出现的原因，提出推进智慧旅游建设，适当调整休假制度，以全域旅游思路有效挖掘旅游产业发展潜力等对策，旨在为文化和旅游融合背景下旅游业实现健康可持续发展提供理论参考。

关键词：文旅融合；过度旅游；智慧旅游；全域旅游

一、大众旅游时代的过度旅游问题

（一）大众旅游时代

2016年，政府工作报告中首次提出了"大众旅游时代"的概念。顾名思义，大众旅游时代最显著的特征就是旅游消费群体的规模大、比例高。近些年来，我国的国内旅游市场以及出境游规模均保持着平稳快速增长的态势。根据文化和旅游部发布的《2018年文化和旅游发展统计公报》，2018年国内旅游人数达55.39亿次，同比增长10.8%；出境旅游总人数近1.5亿人次，同比增长14.7%。[1] 我国公民每年人均出游次数超过4次，旅游已经成为大众消费产品。

---

[1] 文化和旅游部2018年文化和旅游发展统计公报［EB/OL］.（2019-05-30）［2019-12-10］. https://www.mct.gov.cn/whzx/whyw/201905/t20190530_843997.htm.

旅游市场快速发展的契机下，其经济效益也愈发突出。2018 年，我国国内旅游总收入达 5.79 万亿元。在当前经济面临下行压力的背景下，推动旅游产业高质量发展，保证旅游消费群体获得良好的出游体验，对于促进消费、拉动经济具有重要的意义。

（二）过度旅游问题

"过度旅游"是近年来的热词之一，指某一个热门旅游目的地或景点接待游客数量过多，导致当地环境、历史遗迹遭破坏以及居民生活质量下降。[1] 实际上，许多著名的旅游城市或景区的旺季已经不再局限于节假日。在近几年的新闻报道中，热门旅游景点因人满为患而受到关注的案例已经屡见不鲜。由于游客数量的快速增长以及旅游目的地相对有限的承载能力，过度旅游问题已成为制约旅游业健康发展的重要因素之一。

一方面，过度旅游造成了严重的环境破坏。根据全球旅游业组织的统计数据，旅游业产生了全球 5% 的二氧化碳排放量。除此之外，游客产生的大量生活垃圾也影响着旅游地的土壤、水质、空气状况，给环境维护带来了相当大的压力。2018 年"五一"假期期间，北京八达岭景区共清理超过 65 吨垃圾，2019 年仅在 5 月 1 日当天的垃圾清理量就超过了 18.2 吨。不仅如此，即使是珠穆朗玛峰这样的国家级自然保护区也同样面临着环境污染问题。数据显示，2018 年以来，在珠峰保护区收集、清理的垃圾总量已经超过 343 吨，直接导致了珠峰核心区域的旅游活动被叫停。

另一方面，过度旅游还给旅游地带来了一系列社会问题。首先，许多旅游目的地既是景区也是居民区，大量涌入的游客使得当地居民传统的生活方式受到了一定程度的影响，随之兴起的各类商业活动也容易与居民的日常生活发生冲突。其次，游客数量快速增长导致的物价上涨、公共空间减少等问题使得居民的生活质量下降。

二、过度旅游问题出现的原因

近两年来，过度旅游问题已经在全世界范围内成为重要的公共议题。就我国而

---

[1] 梁凡. 当过度旅游成为问题［N］. 工人日报，2019-08-16.

言，这一问题出现的主要原因可以归结为旅游地承载能力的提升速度有限、新媒体环境下热门旅游地聚集效应被放大、旅游消费群体面临出行的时空限制等。

（一）旅游地承载能力有限

虽然旅游业整体规模实现了快速增长，但旅游地承载能力的提升速度仍旧相对有限。近年来，受惠于国家及各省市出台的相关扶持政策，旅游市场正在迎来发展的春天。同时，随着居民消费水平的提高以及高性价比航班的大量出现，旅游消费群体的出行相对成本较以往正在不断下降，一系列外部条件的发展加快了旅游业的繁荣。联合国世界旅游组织于2019年1月公布的数据显示，2018年全球国际旅行者（过夜游客）数量已达14亿人次，同比增长近6%，提早两年达到预期规模。

而对于我国而言，由于国土面积辽阔、自然景观多样性强、旅游资源丰富等因素，国内游仍旧是我国旅游消费者的主要选择。面对激增的游客规模，许多旅游地都出现了旅游产品开发力度不足、公共设施建设落后、配套产业不完善等问题。在文化和旅游产业融合发展不断深入的过程中，如何借助文化资源深入挖掘旅游产品的内涵，使旅游业更具吸引力，已经成为文旅融合的重要议题之一。而2015年以来，"厕所革命"等浪潮也深刻反映出旅游系统公共基础设施建设底子薄、欠账多的问题。

（二）旅游地游客聚集能力两极分化

随着互联网尤其是新媒体技术的发展，在出游准备期人们足不出户就可以遍览全球的优质旅游地，而热门旅游地的高曝光度使得旅游者在做选择时呈现出集中与趋同的特征。以抖音等短视频平台为例，在其带动下出现的"网红城市"和"网红景点"等概念在很大程度上影响了相关城市的旅游业发展，西安和重庆就是国内凭借抖音走红的旅游地代表。2018年4月，西安市旅发委与抖音启动了全面战略合作。相关数据显示，2018年西安市接待游客2.47亿人次，增速超过36%，旅游业总收入2555亿元，增速超过56%，一跃成为中国最受欢迎的旅游城市。

而在热门优质景点人潮涌动的同时，一些品质不高的旅游地则门可罗雀，"马太效应"在如今的旅游市场中愈发明显。如今，旅游消费者利用互联网 App 可以便捷地查看到其他游客对旅游目的地的评价，更加畅通的信息交流平台使得旅游地面临着前所未有的建设压力，倒逼旅游城市与景区优化旅游建设水平、完善旅游环境、提升消费者出游体验。

（三）主流旅游消费群体面临出行限制

根据腾讯文旅 2019 年 1 月发布的《2018 中国旅游行业发展报告》，在 2018 年国内及出境旅游用户中，35 岁及以下年龄段的用户比例均超过七成，其中 26~35 岁年龄段的用户比例更是在 35% 以上，是当前支撑我国旅游业发展的最主要群体。[1] 而由于休假制度、工作压力等客观因素的制约，主流出游群体的可出游时段主要集中在节假日期间，且在挑选出行目的地的过程中更倾向于选择口碑好、品质高的热门旅游地，这在一定程度上使得过度旅游的问题愈发显著。

三、解决过度旅游问题的对策

过度旅游问题的背后，折射出旅游业可持续发展过程中面临的突出矛盾。为了应对日益严重的过度旅游问题，许多旅游地选择加收"旅游税"。旅游税最先在巴黎、罗马、柏林、巴塞罗那等欧洲旅游城市兴起，后来迪拜、马尔代夫等新兴旅游地也纷纷加入收税行列。日本政府于 2019 年 1 月初推出"国际观光旅游税"，要求游客在离开日本时缴纳 1000 日元；意大利威尼斯政府也将从 7 月份开始向入城的游客征收 2.5~10 欧元不等的"入城费"。[2] 除收税之外，限制游客流量也是世界各国传统的手段之一。

---

[1] 腾讯文旅. 2018 中国旅游行业发展报告［EB/OL］.（2019-01-14）[2019-8-25]. http：// dy.163.com/v2/article/detail/E5G854O30524BKEM.html.

[2] 威尼斯收最高 10 欧元"进城税"，过度旅游让这些城市不堪重负［N］. 北京商报，2019-01-02.

然而这些方式仍旧存在很大的局限性。收税在一定程度上提高了游客的出行门槛，但其金额对比出行开销仍是微不足道。对于旅游地来讲，即使通过税收可以补贴一部分环境治理、景点修复资金，但在基数庞大的游客群体面前，运行压力仍然远远超标。解决过度旅游问题，应当从旅游业的供给端进行发力。

（一）大力推进智慧旅游建设

随着5G时代的到来，需要借助大数据、云计算、物联网等技术的智慧旅游建设已经拥有了良好的技术支撑。智慧旅游是以物联网、云计算、移动通信、智能终端、信息资源共享等新一代信息技术为支撑，通过整合相关旅游信息，为游客提供更加便捷、互动性更强的服务。随着互联网技术尤其是移动互联网技术的普及，打造智慧旅游城市、智慧旅游景区已经成为可能。

例如，利用物联网数据模型技术和大数据技术对旅游数据进行监控和分析，可以帮助游客通过智能终端实时掌握小到景区、大到城市范围内的游览情况。游客不仅可以充分了解景区或城市中的旅游项目，还可以借助数字导游定制避免拥堵的路线。2019年春运期间，高德地图通过大数据技术研判预测拥堵高峰，提供避免拥堵的路线推荐服务，影响用户数量近7000万人次，规划路线数量超过1.3亿次，为旅游产业进行类似的路线规划服务提供了良好的示范。增强现实和地理追踪技术也可以有效缓解热门景点的拥挤情况。伦敦等城市已经开始利用旅游活动跟踪来管理人群，可以在最有效的时间内通过动态调整路线实时引导游客前往客流量少的景点。

（二）合理调整现行休假制度

对于现行休假制度的合理调整将能够有效缓解过度、集中旅游的现状。近年来，关于调整休假制度的话题曾多次引发广泛关注。2017年，全国人大代表仰协曾向十二届全国人大五次会议提交了《关于调整双休日实行每月弹性休假制度的建议》，提出在保证生产、工作正常进行的前提下，进行各自然月周期内的灵活调休制度。

2019年的"五一"假期调休为4天,实现国内旅游收入1176.7亿元,按可比口径增长16.1%。但在繁荣的消费数据背后,旅游地巨大的运行压力在相关新闻中可见一斑,游客的旅游体验同样大打折扣。如果能够广泛实行更为灵活的休假模式,将极大地缓解高峰旅游时段的聚集情况。

2019年1月,河北省政府办公厅印发《河北省关于完善促进消费体制机制实施方案(2019—2020年)》,提出"落实带薪休假制度,鼓励错峰休假和弹性作息,在有条件的地区探索实施周五下午加周末的'2.5天小长假'政策措施"。[1]除此之外,江西、重庆、甘肃、辽宁、安徽、陕西、贵州、福建、浙江和广东等多个省(市)也相继出台了鼓励2.5天休假的意见。未来,在相关意见的基础之上,如何因地制宜地利用好弹性假期将尤为关键。

(三)深度推动全域旅游建设

"上车就睡觉,下车就拍照,一问啥都不知道",这是如今许多游客出游时的真实写照。走马观花式的旅行模式既消耗了游客的热情和精力,也不利于旅游地的健康可持续发展。在文化和旅游融合发展不断深化的过程中,旅游目的地应当积极进行资源整合和要素融合,以全域旅游发展思路挖掘新的旅游内容与旅游模式,最大限度释放区域内旅游禀赋活力,整合碎片化资源,形成整体化品牌与一体化的发展效果,实现产业融合和区域产业整体发展。对于旅游城市和景区而言,要敢于推倒景区的"围墙",将旅游目的地由"点"和"线"推广为"面",延伸景区的产业链条,为游客提供更加多样化、高品质的选择。同时,重点打造乡村旅游、农业旅游、研学旅游、生态旅游等开放型旅游产品,打造重点项目,带动区域旅游市场的丰富化。

---

[1] 河北省人民政府办公厅.河北省关于完善促进消费体制机制实施方案(2019—2020年)[EB/OL].(2019-01-10)[2019-8-25]. http://info.hebei.gov.cn/hbszfxxgk/6806024/6807473/6806589/6848103/index.html.

文旅融合视角下红色旅游开拓年轻市场策略探究

■ 中国传媒大学文化产业管理学院　林一民

摘　要：2019年恰逢新中国成立70周年的重要历史节点，我国红色旅游市场持续升温，参观游览红色根据地成为热门的旅游项目。红色旅游以爱国主义和革命传统精神为主题，汇聚了具有代表性的重大事件和人物背后的故事，以及源远流长的历史文化遗存。当前，在文旅融合的大背景下，讲好红色故事，提升红色旅游对不同客群特别是年轻群体的吸引力，推动红色旅游持续健康发展具有重要的现实意义。

关键词：文旅融合；红色旅游；红色文化；旅游体验

一、融合发展，红色旅游持续升温

随着2019年国庆节的到来，全国各地围绕庆祝新中国成立70周年陆续组织开展了丰富多彩的红色旅游主题活动。在各大旅行社以及飞猪、携程、途牛等OTA上，与红色旅游相关的跟团游、自由行、定制旅行产品十分丰富，在途牛上线的"红色旅游·文化季"专题中，"井冈山红色体验式教育3日游""延安红色之旅4日游"等热门红色景区的旅游产品颇受欢迎。截至目前，我国已经建成了包括沪浙红色旅游区、湘赣闽红色旅游区、陕甘宁红色旅游区、京津冀红色旅游区等重点红色旅游景区12个，以上景区成为人们首选的红色旅游目的地。值得注意的是，在国内红色旅游人气不断上升的同时，出境旅游也逐渐受到大众关注，如俄罗斯红场、列宁故居、斯莫尔尼历史纪念馆，以及德国、英国等目的地也吸引了较多国内游客前往。

在文旅融合的大背景下，业态边界逐渐被打破，红色旅游也开启了融合发展的新阶段，一个明显的特征就是社会资本助力红色文旅的发展，打造红色旅游综合体、红色旅游特色小镇等。例如，万达集团 2019 年在陕西延安启动了延安万达城项目，内容包括红色主题街区、红色主题剧场、度假酒店群等，将打造一个集爱国主义教育、旅游度假、非物质文化遗产展示体验等于一体的红色旅游综合体。华侨城旅投集团也在红色旅游方向上有所布局，2018 年 10 月，华侨城旅投集团与河北省平山县签订《西柏坡 5A 景区赋能管理合作框架协议》，以西柏坡红色景区为核心展开全方位的合作。一直以来，旅游功能单一、配套基础设施落后等都是摆在红色旅游面前的突出问题，而社会力量的参与将有力地丰富红色旅游业态、开拓红色旅游功能，为提升红色旅游吸引力、推动红色旅游发展带来更多可能。

二、政策引领，支持红色旅游发展

发展红色旅游是加强爱国主义和革命传统教育、培育和践行社会主义核心价值观、促进社会主义精神文明建设的重大举措。2004 年以来，中央办公厅、国务院办公厅相继印发了《2004—2010 年全国红色旅游发展规划纲要》《2011—2015 年全国红色旅游发展规划纲要》《2016—2020 年全国红色旅游发展规划纲要》，为全国红色旅游的持续健康发展做出了宏观规划和支持引导。

革命文物、革命遗址是红色文化的重要载体，也是红色旅游过程中游览参观的主要对象。据统计，截至 2018 年 8 月，我国登记在册的革命旧址、遗址共 33315 处，其中全国重点文物保护单位 477 处，抗战文物 3000 多处，长征文物 1600 多处。2018 年《关于实施革命文物保护利用工程（2018—2022 年）的意见》的发布，为革命文物的保护利用、加强新时代革命文物工作提供了根本遵循，其中也指出："要拓展革命文物利用途径，打造红色旅游品牌，推出一批研学旅行和体验旅游精品线路，促进革命老区振兴发展。"

在中央政策的引领下,各地就红色文化旅游陆续推出新的举措。2019年,广西、四川、上海等地围绕红色旅游资源创新保护、红色旅游融合发展、红色旅游基础设施与公共服务设施建设等多方面出台政策意见,引导和支持红色旅游发展。例如,广西为做好革命文物保护利用工作,实施百年党史文物保护展示、革命文物集中连片保护利用、长征文化线路整体保护利用等"六大重点工程";四川重点实施红色旅游精品打造行动、红色旅游教育功能推进行动、红色旅游扶贫富民促进行动、红色旅游宣传营销与市场开发行动、红色旅游人才培育行动等红色旅游"九大行动",以更好地保护和利用红色资源,进一步推动红色旅游创新发展。

可以看到,无论是中央还是地方都高度重视红色旅游,对于推动红色旅游发展都有了更多全局性的指导。不过,在更细化层面上,对于满足不同客群特别是年轻群体的红色旅游需求的工作还需要进一步强化。

三、全龄覆盖,客群年轻化有迹可循

红色旅游以红色文化为内核,是一种具有教育功能的旅游形式,这也是红色旅游区别于其他旅游活动的显著特征。让年轻一代能够在旅游过程中了解党和国家真实的历史进程,学习红色文化,传承红色精神,培养爱国主义情感,践行社会主义核心价值观也正是发展红色旅游的意义所在。

《2018年度红色旅游消费报告》显示,2018年红色旅游市场中60岁以上的老年人群占比达34%,同时,国内红色旅游的主要客群年龄层也开始从"60后""70后"向"80后""90后""00后"转移,其中"00后"占5%、"90后"占8%、"80后"占24.9%。尽管老年人群依旧占据较大比重,但红色旅游客群年轻化的趋势逐渐显现。

老年人群生在新中国、长在红旗下,红色记忆烙印在他们的脑海当中,对红色旅游有着天然的情结,愿意通过红色旅游感受革命传统精神、缅怀峥嵘岁月。而我们本以为对红色旅游参与感不强的年轻群体,正逐步投入红色旅游中去。年轻群体对于革命岁月并没有亲身的经历，对于革命英烈和领袖事迹的了解更多地还是来源于书本资料和影视内容。2018 年，我国青少年参与红色旅游的比例相较 2017 年同比增长 7 个百分点，有了一定的提升，不过其中更多地还是以红色研学、亲子教育等父母带孩子接受爱国主义教育的情况为主，要更大范围上推动年轻群体主动参与红色旅游，感受历史、感悟时代变迁，并使之成为常态还有一段路要走。

《2016—2020 年全国红色旅游发展规划纲要》中提出，到 2020 年，全国红色旅游年接待人数要突破 15 亿人次，这不仅需要全面提升红色旅游的影响力、扩大红色旅游市场，也需要进一步推动红色旅游客群的全龄化覆盖，特别是要调动年轻群体参与红色旅游的主动性和积极性。

四、讲好红色故事，提升红色旅游吸引力

红色旅游是传承红色文化的生动课堂，讲好红色故事，才能够更好地发挥红色旅游的教育功能。在新媒体、新技术快速发展，旅游基础设施建设越加完善的今天，红色旅游也迎来了新的发展机遇。年轻群体是推动红色旅游蓬勃发展的庞大的潜在客群，当前，应当从供给侧出发，进一步提升红色旅游吸引力，不断开拓红色旅游市场，扩大红色旅游的年轻市场空间。

第一，要注重强化红色景区历史现场感营造。年轻人选择红色旅游，就是想在实地亲身了解革命历史，瞻仰革命先烈，感受历史真实。红色旅游是一种红色人文景观和绿色自然景观相结合的主题旅游形式。因此，在红色景区中，要做好革命文物旧址和游客公共休憩区域的划分，同时让旅游基础设施的更新建设和红色纪念设施相得益彰，突出景区的情景化、历史感和真实性，进一步强化红色景区的历史现场感营造。

另外，对于存在革命文物遗址分散情况的旅游地点，要充分考量当地的自然条件、经济条件和社会条件，在保护好革命文物和遗址的前提下，有针对性地整合具有代表性的革命历史文化遗存，在此基础上，用年轻化的景区运营思维来打造好红色景区。

第二，要致力于升级红色旅游体验。随着互联网、大数据、AR/VR 等新技术和新应用的快速发展，数字文旅成为新的发展趋势，大众的旅游体验正在朝向数字化、沉浸式升级，各地的智慧景区也开始加速落地。不过，相比于其他景区，目前我国大部分的红色旅游景区在这一方面的提升步伐还比较缓慢。另外，当下红色旅游的形式也比较单一，除革命遗址游览外，各地红色旅游多以景区的革命专题博物馆、纪念馆、文化馆的参观游览为主要的旅游项目。

因此，需要不断创新游览形式，提升旅游过程中的互动性和体验性，从过去单纯的参观游览向沉浸式体验升级，加强场馆的展陈布置设计，提升参观动线的逻辑性，创新 VR/AR、新媒体技术在红色旅游当中的运用，打造数字展厅，通过互动投影、数字沙盘等多媒体设备让革命历史文化遗存可以实时再现，从而实现人机交互的参观体验。例如，贵州四渡赤水 VR 战争体验中心，利用 VR 技术再现四渡赤水战役，让游客突破时空限制，获得身临其境般的体验；在西安白鹿原，大型沉浸式"拍演放"一体化演出《黑娃演义》实现了旅游演艺和电影拍摄的融合，这些都是很好的借鉴。

第三，要不断创新红色旅游产品。首先，要注重融合式发展。一方面，要突出"红色旅游+"，将红色旅游景区与当地的历史、地方民俗文化有机结合，同时可以发展研学培训、素质拓展等旅游形式，推进红色旅游融合式发展。另一方面，要深入挖掘革命文物的价值内涵和文化元素，运用市场机制开发更多年轻人喜爱的红色文化创意产品，如印有"为人民服务"等文字的帆布包、手机壳、搪瓷杯都很受年轻人的喜爱。通过文化创意，进一步增进和挖掘红色旅游内涵，提高红色旅游的附加值，将资源优势转化为产品优势。不过，目前国内在红色旅游文创衍生品开发上才刚起步，存在很多不足，譬如在挖掘红色文化内蕴、寻求与本地历史文化与革命遗址之间的联系上还不深入，文创产品的开发形式单一、创意不足。这些不足也意味着红色旅游文创衍生品还有很大的发展空间。如何更好地开发利用红色文化，更好地让游客感受到红色旅游的价值和魅力，是下一阶段红色旅游文创需要持续探索的命题。

第四，要注重特色化发展。要做好地方红色旅游资源的梳理工作，寻找红色旅游资源和地方优秀传统文化在互联网时代下的结合点，突出红色旅游产品的地域特色和差异性，增强对年轻群体的吸引力。

第五，要注重精品化发展。打造红色旅游精品，规划设计精品红色旅游主题线路，要找准在地的优质红色旅游产品，兼顾其历史性和观光性，强化形象宣传，在年轻群体中营造良好的红色旅游氛围，在此基础上进一步向品牌化发展，以重大历史节点和系列重大活动为机遇，持续扩大红色旅游产品的影响力。

五、结语

红色旅游不是单纯地与旅游观光相关联，其背后所代表的红色文化决定了红色旅游具有红色教育功能的特殊性。因此，必须要注意在开拓红色旅游的年轻市场空间时，不能脱离红色旅游的本质，不要"把内在精神弄没了"，正如习近平总书记强调的，"要把红色资源利用好、把红色传统发扬好、把红色基因传承好"，要实现社会效益与经济效益的统一，发挥好红色旅游的综合效用，让人们秉承敬畏之心，用年轻的脚步丈量厚重的红色历史，收获一次心灵之旅、思想之旅、精神之旅。

第二篇
文化空间

东溪古镇发展特色产业的思路与对策探讨*

■ 重庆师范大学历史与社会学院　陈太红
■ 重庆师范大学初等教育学院　陈　放

摘　要：本文提出东溪古镇发展特色产业应坚持依托本地资源和本地居民参与的思路。东溪古镇本地发展特色产业想要取得成功，应慢工出细活，在利用三类资源、打造三类产业和建立三种机制这三大任务上做好九项重点工作，即文化资源盘点、政策资源争取、智力资源引入、发展休闲旅游、培育创意农业、开发在地文创产品、三级组织推动、古镇居民作为和社会组织助力。

关键词：东溪古镇；特色产业；思路；对策

一、引言

东溪古镇位于重庆市綦江区，是中国历史文化名镇、重庆市休闲农业和乡村旅游示范镇。在这块"水绕镇中流，镇在林中走，园依山水旁，无处不是景"的土地上，从公元前202年建万寿场，经唐高祖武德二年（619）设丹溪县，唐太宗贞观十七年（644）撤丹溪县建东溪镇，建场2200多年，建镇1300多年，查阅2011年版《东溪志》的记载，可以遥想汉代万寿场云集的商旅，唐代李白流放夜郎途经东溪的吟唱，宋代僚人敲着铜鼓庆祝丰收的场景，明代正德王朱厚照微服私访东溪的

---

* 基金项目：重庆市社会科学规划项目"重庆历史文化名镇名村产业振兴研究"（编号：2019PY05）。

传说，清代綦江人陈洪义开办麻乡约民信局的传奇，民国时期 3 万多场镇人口、每天 5000 多流动人口的繁华。漫步在綦河岸边，通往贵州的盐茶古道似乎还能听到从汉代到清代马帮的铃声，看到静静流淌的綦河可以想象抗战时每晚 600 多只木船停泊在河中的点点灯火。我们留恋往返在东溪古镇的三街七巷，看到蜀人会馆万天宫、广东会馆南华宫，可以回想乡情凝聚的建筑里曾经穿梭忙碌的外乡人；看到背街小巷的名特小吃和版画，可以感受到历代东溪人在这块土地上前行的足迹。东溪古镇，作为中国历史发展的缩印本，因处于水路和陆路交通要道，在历史上写下了华丽篇章。在乡村振兴的新时代，我们面对历史文化名镇产业发展的新机遇，应思考如何将历史文化名镇在地"地""产""人"等资源通过创意转化、科技提升、市场运作发展出创意农业、休闲旅游和在地文创产品，赋予历史文化名镇新的活力和生命。因此，本文借鉴我国台湾地区的经验，结合大陆地区政策和东溪古镇资源，提出发展特色产业的思路与对策。

二、借鉴台湾地区在地化思路发展东溪古镇特色产业

（一）在地化是台湾地区发展文创产业的基本思路

台湾屏东大学周德祯教授认为："在地化就是生活在本地这个社群的种种有生命的活动，以及其所衍生出来的种种具有美感的表现方式，往往是生命中经历过的种种才能吸引人类高度的共鸣，因为生命与社会的历程是丰富、无穷尽的经验所构成。"[1] 台湾地区在发展古镇产业时，首先挖掘古镇的"地""产""人"等资源，通过创意整合这些资源，提炼出文化主题，找到自身特色与定位，再依据总体策划和规划发展特色产业。

台湾地区元智大学丘昌泰教授认为，源于民间推动的台湾地区文创产业，秉承"设计生活化、生活设计化"的理念，让小而美的"巷弄文创"成为台湾地区文创产业的特色，台湾地区的文创产业并不存在大型购物中心的精品馆，或者五星级酒

---

[1] 周德祯. 文化创意产业理论与实务［M］. 台北：五南图书，2012：20.

店大堂礼品专柜，而是在大街小巷发现用心经营生活的艺术家，或者从小区出发，细心体会与品味小区小微店家的文创精神。❶

在地化是台湾地区古镇发展文创产业的基本思路，在这个基本思路指导下，台湾地区的古镇已经历了文化产业化和产业文化化两个阶段，注重文化创意产业与当地居民生产生活的结合，集生产、生活、生态于一体打造古镇特色产业。

（二）东溪古镇在地化发展特色产业的基本内涵

东溪古镇是文化资源富集地，这些资源与这块土地在空间上紧密相连，这方水土养育着这方的人。因此，在坚持在地化思路发展东溪古镇特色产业时必须从两个方面认识在地化思路的基本内涵。

依托在地资源发展在地特色产业。按照在地化思路发展古镇特色产业，其实质是"空间与文化产业结合"的思路，我们必须寻找在特定地域空间历史上曾发生的故事，这些故事中有能够感动人的人物、事件和情节，它们蕴含的价值应和当代的价值观融合，能够说服和赢得今天消费者的认同。我们必须发现并重新诠释动人的剧本，从社会性方面对过去的故事进行诠释，在弄清故事本来面目的基础上，本着文化"人为"和"为人"的原则，清醒地认识到由人创造出来的为人服务的人文世界，是要解决好如何处理好人与自然、人与人之间和谐共生关系的技术规范和社会规范，要确保人类自己能继续生活和繁殖。❷因此，在东溪古镇所发生的故事，那些历史隧道中东溪人和外乡人之间、东溪人彼此之间处理人际关系的社会规范，东溪人和外乡人与自然和谐共生的技术规范，均发生在东溪的特定空间，我们只有在这些特定空间去发现动人的故事，去创造满足今天消费者物质生活和精神生活的产品和服务，才能让东溪古镇焕发新的生命和活力。比如，位于东溪书院街丁字路口处创建于1886年的"麻乡约民信局"，至今遗存的220多平方米房屋，在向人们述

---

❶ 丘昌泰.台湾文创设计的人本设计思维：以巷弄文创打造生活质感［M］//范周.海峡两岸文化创意产业研究报告.北京：知识产权出版社，2017：161-170.

❷ 费孝通.对文化的历史性和社会性的思考［J］.思想战线，2004，30（2）：1-6.

说历史的同时，还展示着麻乡约民信局主角陈洪义的个人发展以及一生尽心为人做事的品格所具有的教育价值。一个没有经过诗书熏陶的农民，凭着自己娴熟的抬轿技术和周到细致的服务，先在昆明设立轿行，后来轿行业务遍及西南各省，随后经营信函、包裹、票汇、现金汇兑等民信业务，所有经手的物品均做到不浸湿、不变质、不损坏，严守信誉，发生货物损失，一律照价赔偿，从不拖欠。从未曾学习诗书的一介轿夫到清代西南地区的民信行业巨头，对今天怀揣创业梦想的年轻人来说具有激励作用，陈洪义这种典型人物，是东溪古镇在地化打造家庭教育和社区教育项目的良好素材。

本地人参与发展在地特色产业。一个地方的文化传承和创新离不开当地人的参与，只有当地人将他们世代积累的文化和产业融合来发展在地产业才会让文化得以传承、让地区永续发展。因此，东溪古镇发展特色产业，首先，要有文化自觉，就东溪古镇来说，就是生活在东溪这一特定地域的人对东溪的文化要有"自知之明"，不复古、不照搬、不西化，要自主适应新环境、新时代的文化，满足当代东溪人的文化需求。其次，要解决好东溪古镇发展的共识问题。在推动东溪古镇发展特色产业时，应将文化的发掘作为第一步，找到东溪古镇居民共同的历史记忆。而共同的历史记忆是由居民共同关心的问题所引发的，发掘东溪文化的过程就是重新发掘共同历史记忆的过程，东溪居民在参与这一过程中能够增强归属感，培养共同的发展愿景，并从中发现东溪古镇所具备的优势和资源，解决东溪古镇经济、文化、政治、生态和社会发展的问题。最后，东溪古镇在发展特色产业时应内外兼求，以内为主。应从居民的日常生活、生产中发现素材，本着"设计生活化、生活设计化"的理念，充分调动居民的积极性，让居民在古镇特色产业发展中共商、共建、共享。

三、东溪古镇在地化发展特色产业的对策思考

东溪古镇在地化发展特色产业要取得成功，不是一朝一夕的事，需慢工出细活，应在三大重点任务和九项重点工作上做好文章。

（一）利用好三类资源

1. 重在文化资源盘点

东溪镇要依托丰富的文化资源发展特色产业，不仅要挖掘东溪的古迹、古建筑、民间传说、民间故事、历史事件、民间艺术、民俗及有关文物等文化资源，还需要挖掘众多文化资源背后的故事及其价值，如抗战老街、万寿宫、陈家祠堂等。其中，清末开创西南地区民信事业的陈洪义、道光年间在东溪建明善书院的陈燮坤、1911年捐产建东溪慈幼所招收孤儿和贫困子女入学的陈硕蕃等，均是陈家祠堂的后代，我们对陈家祠堂的价值认知不仅限于抗战文物（抗战时曾是国民党中央军委参议院办公场所），应该还包含着家庭教育、社会教育的价值。

2. 利用好政策资源

2014年文化部《关于推动特色文化产业发展的指导意见》（文产发〔2014〕28号）、2016年10月21日国务院《关于激发重点群体活力带动城乡居民增收的实施意见》、2018年中共中央、国务院《乡村振兴战略规划（2018—2022年）》、2019年中共中央国务院《关于建立健全城乡融合发展体制机制和政策体系的意见》等文件，是东溪镇发展特色产业的政策活水，为古镇发展特色产业指明了方向。

3. 做好智力资源引入工作

东溪古镇发展特色产业除需激活当地居民的创新创业意识外，还应采取政府购买服务的方式引入科研院校、高等院校和社会服务机构等外部专业力量解决专业问题，这些非营利组织在东溪镇发展特色产业的过程中应扮演使能者的角色，挖掘东溪镇特有文化资源，提出东溪镇发展特色产业的整体策划和规划方案，组织、引导和策划不同社区的差异化发展，培训教育居民提升生存技能和人文素养，协助当地政府制订招商引资方案，提出东溪镇整体营销方案及后期运营管理方案，协助政府或运营公司开展后期营运管理等。

（二）打造好三类产业

1. 发展休闲旅游

为了满足日益增多的休闲游客对参与式、体验式项目的需求，东溪镇应在六个方面做足文章。饮食文化体验项目是重点，应鼓励东溪本地人对名特小吃进行创意开发，诸如香菌炖肉、活水豆花、白糖蒸馍、油茶馓子、椒盐酥锅魁、涮把头、梆梆粑、炒米糖开水、黄荆豆花、回锅牛肉、刘氏黑鸭、小桥鱼家香辣钳鱼、景园花椒鸡、东溪麻辣鸡等，将制作工艺展示出来，让游客不仅可以品尝美味的食品，还可以体验制作的过程。对制作过程的体验实际上也是游客生活知识的学习过程。生活教育体验项目主要是家庭教育和社会教育，让居民和游客学习生活知识和生活技能，与社区科普、社区教育、社区文化结合打造，特别是应利用诸如麻乡约民信局、双桂园、万天宫、南华宫等建筑空间开展生活教育体验项目。自然生态体验重点应以綦河及其支流、太平古寨和琵琶古寨为主开发体验项目。特定文物体验应以市级和区级保护文物为主开展体验活动。工艺美术体验可以将木雕和版画的制作发展成体验项目。民宿体验应鼓励当地居民发展留宿交流型的体验项目。

2. 培育创意农业

在改善基础生产条件和维护农村生态及文化的前提下，培育创意休闲农业，提升农民生活品质。提升东溪花生、镇紫黄瓜、东溪广柑、风岩沟大米等农业价值链的文创开发，从选种培育、加工再到服务，实行创意生活设计，不仅能拓展农业的原始功能，还能带动创意农业发展，有效地将科技和人文要素融入农业生产全过程，发展特色农产品。

3. 开发在地文创产品

秉承"设计生活化、生活设计化"的理念，从古镇的大街小巷或者田间地头发现泥土化的当地艺术家，以文化为中心经创意设计、包装、营销，发展足以创造产值、带来经济效益、提升生活美感的知识型在地文创产品。

（三）建立好三种机制

1. 三级组织推动机制

成立包括党组织、政府职能部门、基层群众自治组织、经营者、社会服务组织、居民和专家学者在内的区、镇、社区（村）三级推动组织，建立上下合力推动机制，负责整合与分配镇村及政府的各项资源，协调各种公共事务。

2. 古镇居民作为机制

鼓励街道居民积极参与到东溪古镇发展和建设中，创办满足社区居民和游客需求的餐饮、生活教育、民宿、工艺品制作和交易等小微企业，通过产品、服务和活动将地域文化价值传递给消费者，让消费者体会到不同地域的文化差异和魅力；农村居民应发展特色农业提供地域特色鲜明的农副产品，用文化和科技手段提升农副产品的附加值，为社会提供安全、质优的农副产品，解决农民的增收问题。

3. 社会组织助力机制

一是包括高校在内的非营利组织等专业力量应在挖掘东溪镇特有文化资源、培训教育居民提升生存技能和人文素养等八个方面助力东溪古镇；二是外部工商企业在遵守东溪古镇特色产业发展规划的前提下走进东溪古镇投资兴业助力发展，不管公私企业，均应从有利于提升东溪古镇特色产业发展水平和差异化发展开展经营活动。

实体书店从"准公共"化到"准私有"化之创新商业模式*

■ 南京航空航天大学艺术学院　李育菁

摘　要： 本文引用比尔·莱恩（Bill Ryan）的文化财货分类为理论基础，以问卷调查、深度访谈与案例分析为研究方法，从消费者认知与案例剖析等视角探讨当前实体书店从准公共到准私有文化服务空间发展的创新商业模式，总结实体书店作为准私有文化服务空间的特点与发展建议。

关键词： 实体书店；准私有文化服务空间；准公共文化服务空间

一、研究背景与理论视角

（一）研究背景

为了应对网络书店的冲击，实体书店逐渐强调空间的体验性。现今的实体书店比过去更强调空间设计、氛围营造与多元文化服务的提供，实体书店逐渐发展成为一个复合式的文化体验空间，也成为消费者出游的选择之一。除实体书店市场业态转型外，在国家政策方面，2016年国务院办公厅印发《关于进一步扩大旅游文化体育健康养老教育培训等领域消费的意见》，其中对推动实体书店融合文化旅游发展提出建议与支持。在学术界方面，越来越多的学者探讨书店与旅游融合的经营模式，刘燕从目标人群的选择、服务的提升、活动的设计、空间的改造及地点的选择等方

---

*　本文系江苏省哲学社会科学基金项目"准公共文化服务空间视角下江苏城市实体书店发展研究"（18TQC003）的阶段性成果。

面探求实体书店融入文化旅游的发展路径。❶现今，书店不仅仅是一个卖书的地方，也卖在书店的体验和感觉。李彪认为，只有通过打造良好的阅读体验，重新建构阅读场景，形成内容—空间—关系全接触点营销，实体书店才能获得更好的生存和发展空间。❷周晓艳认为，"新"实体书店将文化与美学相融合，为消费者创造良好的感知体验环境，充分体现人文精神。❸从上述研究中可以发现，虽然学术界关于实体书店体验性发展策略的探讨越来越多，但仍没有涉及书店如何通过体验性服务的加值而产生新的盈利模式，而非仅是免费提供消费者游览的文化服务空间。本文借由比尔·莱恩的文化商品的财货类型理论，并结合台湾地区两家收费性书店的案例，探讨实体书店如何通过空间体验打造进行盈利转化。

（二）理论视角：文化商品的财货类型

比尔·莱恩从文化商品的生产、流通与文化工业的结构探讨不同的文化商品其生产的框架、系统和过程中创造之价值，并运用经济学的公共财理论❹，将文化商品区分为私有财货（private goods）与准私有财货（quasi-private goods）、准公共财货（quasi-public goods）和公共财货（public goods），如表2-1所示。因"公共财货"主要由政府资助，而"私人财货"属于一般性商品消费范畴，上述两者不在本研究探讨实体书店此类文化商品特性的论述范围内，因而本文仅针对比尔·莱恩对"准私有财货"与"准公共财货"两种文化商品财货进行深入的介绍。

---

❶ 刘燕.产业融合背景下实体书店融入文化旅游路径[J].中国出版，2018（17）：10-13.

❷ 李彪.体验营销视域下独立书店定制化经营模式研究——以北京地区三家独立书店为例[J].中国出版，2017（21）：20-25.

❸ 周晓艳.文化+美学：实体书店融合发展的新趋势[J].科技与出版，2017（7）：24-28.

❹ 比尔·莱恩借由私有财与公共财二者经济学概念，发展出文化财货的分类体系，与经济学中运用排他性与敌对性区分之财货类型不同，二者在概念定义上有所差异。

表 2-1　文化商品的四种财货类型[1]

	私有财货	准私有财货	准公共财货	公共财货
主要特性	消费者必须通过交换才能拥有商品的使用价值	具有一定数量座位的空间中，消费者购买门票以获得观看作品的权利	使用价值可随时、免费的被人们利用，每个人使用时，不会影响其他人的使用权（即无排他性） 受众无须为使用付费，而生产组织通过其他渠道营利	无排他性；免费（因此不存在交换关系）；随时可使用
主要表征	书籍、杂志、实体音乐等	现场表演（戏剧、音乐会与演唱会……）、节庆与电影等	广播、电视台播放的节目等	公共艺术等
生产特点	重视单位成本；文化企业通过与广告中介、媒体的三方关系提升销售	高劳动成本	创作阶段使用了中介性准公共财货与私人财货；制作物大多不具有再制阶段	生产资源主要由政府资助或其权利已属于全体人民的作品等
矛盾	过度生产、产品周期缩短、相应的宣传导致组织的复杂性提高	原创价值的扩张具有局限性（成本病）	无法直接在向观众传送的过程中实现商品价值	生产过程中所创造的剩余价值无法实现
实现剩余价值的方式／价值实现关系	通过零售实现／生产方与零售商（retailer）关系	通过票房利润实现／生产方与展演方间（producer-exhibitor）关系	通过广告实现价值／赞助与媒介关系（Sponsor-Medium）、制作／宣传方与广告主关系（Producer/publicist-advertiser）、相互渗透关系	

1. 私有财货

准私有财货指涉的是具有一定数量座位的空间中，消费者购买门票以获得进场权利的财货类型，包含现场表演（戏剧、音乐会与演唱会等）、节庆与电影等。准私有财货因自身的财货特性导致其原创价值扩张具有局限性，其原创再制的方式仅有重新演出，对资本注入的需求较大。19世纪末，录音、录像科技的发明使得再制成本降低，物质化准私有财货方成为可能，提供准私有财货的制作方另一个价值实现的管道。准私有财货的实现价值体系是生产方与展演方（producer-exhibitor）间关系的体现，展演方类似于私人财货的零售商。然而，因准私有财货的投入成本较

---

[1] BILL R. Making capital from culture：The corporate form of capitalist cultural production [J]. Walter de Gruyter, 1991 (35) : 74-91.

大，且展演方的场地租金所费不赀，因此生产方面的销售压力也较高，迫使准私有财货需要在与展演方签订合约的期间内获取最大销售额。

2. 准公共财货

准公共财货在生产过程中具有两个特点：第一，其创作阶段都使用了中介性准公共财货与私人财货。❶ 第二，准公共财货，特别是广播及电视，其制作物大多不具有再制阶段。对受众而言，准公共商品像是制作给他们欣赏的，因此在文化性消费上带有私人财货特质；但其制作成本与观众数量无关。虽然它们作为商品而被生产，但这些商品并不存有交换机会。第三，准公共财货不通过消费者体验文化商品来收费，而是以其他方式进行营利，例如广告费用。

二、书店的"准公共"与"准私有"文化服务空间特征差异

上文中将文化财货的特性进行了详尽的分类，本文以下将借鉴其"准公共"与"准私有"概念，从空间的视角阐释书店作为文化服务空间的运营特性差异。

（一）书店作为"准公共"文化服务空间的特征

根据莱恩的定义，若从书店的空间探讨文化体验，现今普遍的书店都具有"准公共"财货的特性。书店作为文化服务空间，可以被人们随时、免费使用，且每个人使用时，不会影响其他人的使用权（即无排他性）。书店虽为商业营利空间，但所有消费者都可以免费进出书店，且消费者在体验的过程中通常并不会有太大的相互影响。现今书店虽致力于打造良善的体验空间提高，但却无法通过消费者体验书店空间的氛围或阅览书籍而带来盈利，也就是说，消费者无须为其使用书店空间而付费，因此书店业者必须通过其他管道营利，如举办讲座、举办艺文活动、出租场

---

❶ 此处的中介性类公众财货指涉的是譬如那些由广播或电视制播间（radio and television production houses）或新闻中介和新闻集团（news agencies and syndicators）所创造的商品；而私人财货则透过与制作方相互约定的契约而使用。

地等。此外，书店空间的打造阶段使用了中介性准公共空间与私人空间。因为书店是一个公共免费进出的场合，因而其具有准公共性，但另一方面而言，其又属于私人的商业营利空间。书店空间打造后大多不具有再制阶段，也无法直接在消费者体验空间的过程中实现商品的交换价值。以上几个特点是目前普遍书店属于"准公共"文化服务空间的原因。然而，也因书店属于"准公共"文化服务空间的特性，使其面临重重营运的危机。再者，当前消费者对书店的空间设计与氛围体验的要求比过去来得高，书店业者必须不断更新与打造书店空间，外加上书店原本空间的租金费用，因而营运成本不断提高，然而这些成本的投入却无法在消费者的体验中转化成商品的交换价值。多数消费者仅是到书店拍照打卡，仍旧是在网络书店购书，这是当今多数书店面临倒闭危机的核心因素。

（二）书店作为"准私有"文化服务空间的特征

由于现今书店普遍为"准公共"文化服务空间的特性，导致多数书店面临经营上的压力。因而目前在台湾地区出现了少数以收取"清洁费"或"入场抵店内消费"的方式经营书店空间。这类型书店经营者要求进场的消费者必须负担一定金额的入场费用。在具有一定数量座位及空间中，消费者通过类似门票的概念获得进入书店体验空间、阅览书籍与享用饮食的资格。这类型书店的经营具有"准私有"的特征，即通过门票许可消费者空间体验来实现利润。另外，也因此类书店场地更重视空间的设计感与舒适感，导致这类型书店不会同时有大量消费者的营利限制。准私有化的文化服务空间的门票收费运营模式，有助于书店克服目前无法将消费者空间体验转化成商品交换价值的问题。然而，消费者对于收取入场费用的书店在空间设计、氛围打造以及附加服务功能的要求亦会比一般实体书店来得更高。

三、海峡两岸消费者对于书店作为"准公共"或"准私有"文化服务空间的认知与愿付价值

(一)消费者对于书店作为"准公共"或"准私有"文化服务空间的认知

本研究针对海峡两岸共 383 名受访者对书店作为"准公共"或"准私有"文化服务空间的认知进行调查。由于"准公共"或"准私有"为法律与经济用词,对于一般受众较为陌生,因而问卷以"半"公共文化服务空间为用词替代进行调查(见表 2-2)。

表 2-2 海峡两岸消费者对半公共文化服务空间存在意义的认知调查

半公共文化服务空间存在的意义		消费者居住地	
		大陆	台湾地区
一种便民的公共阅读服务体系	计数(名)	187	66
	消费者居住地内的 %	66.8%	64.7%
满足文化情怀的一种方式	计数(名)	143	44
	消费者居住地内的 %	51.1%	43.1%
实体书店提升企业形象的一种营销手段	计数(名)	80	30
	消费者居住地内的 %	28.6%	29.4%
观光休憩的场所	计数(名)	84	28
	消费者居住地内的 %	30.0%	27.5%
实体书店获取政府/企业补助的一种方式	计数(名)	42	20
	消费者居住地内的 %	15.0%	19.6%
拓展书店周边的公共文化服务空间	计数(名)	153	69
	消费者居住地内的 %	54.6%	67.6%

从表 2-2 可得知,两岸民众调查结果中"一种便民的公共阅读服务体系""拓展书店周边的公共文化服务空间"分别排名前一、前二,可见两岸民众对于书店作为半公共文化服务空间的认知大致上是一致的。唯一的差异在于台湾地区受众认为书店作为半公共文化服务空间存在的主要意义为"拓展书店周边的公共文化服务空

间"占 67.6%，排名第一；而大陆的受众则认为书店作为半公共文化服务空间的存在主要的意义为"一种便民的公共阅读服务体系"占 66.8%，排名第一。此差异推论原因在于大陆城市面积较台湾地区广泛，城市人口亦远高于台湾地区，因而书店若作为公共文化服务空间，其角色更偏向于城市中公共阅读服务体系中的一环。然而在台湾地区，由于城市面积较小，书店所扮演的角色更像是社区型阅读服务空间。两岸受众一致在"实体书店获取政府／企业补助的一种方式"和"实体书店提升企业形象的一种营销手段"两个选项都是较低的选择率，可见两岸受众皆较不会将书店作为"半"公共文化服务空间的标榜与获取资源或提升形象等现实手段进行扣连。

（二）"准私有"文化服务空间的门票制书店之愿付价值

本研究进一步针对受访者对于"准私有"文化服务空间的门票制书店之消费意愿进行问卷调查，设计的两道题目分别为：

（1）假如书店作为一个能享受一段美好时光的服务场所，您愿意为它花多少钱（类似入场费）？

（2）假如书店采用购买门票入场制，且该费用可以抵在书店内的消费，您认为价格应该为多少？

图 2-1 的统计结果发现，两岸民众对于书店入场费用的愿付价值以 11～30 元以及 31～50 元两个区间居多。而以 31～50 元的选择人数最多，共 168 人，约占 44%，11～30 元的区间占次等，共 101 人，约占 26%。亦有少数民众认为书店本就是一个公共文化空间，不应该收费，因而有 15 位受众选择愿付价值为 0 元，但在整体占比中仅占 0.26%，比率较低。可见，若实体书店能朝空间体验与文化服务进行加值应用发展，仍旧具有盈利的可能性。

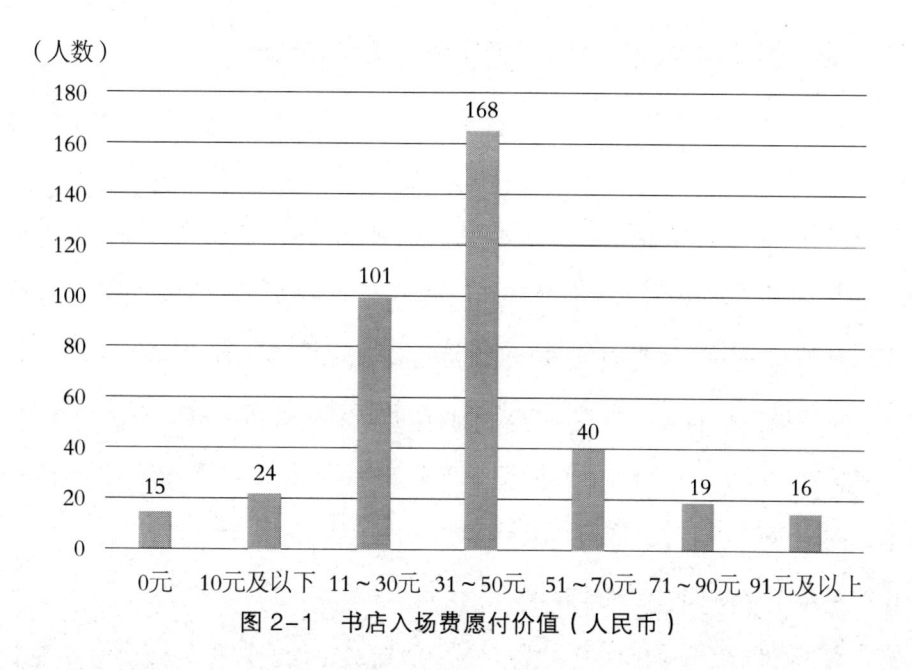

图 2-1 书店入场费愿付价值（人民币）

本研究进一步询问消费者若书店的入场费用可抵书店内的低消，例如茶饮、书籍、文创商品等，其愿付价值多高？结果如图 2-2 所示，与第一道题的差异性不大，甚至愿付价值反而略为偏低。选择愿付 0 元的受众提升了 5 人，选择 10 元及以下的受众提升了 43 人，而愿付 31 元以上费用从 243 人降低到 193 人，共减少了 50 人。本研究进一步访谈部分消费者愿付价值降低的因素，有受众反映，"抵店内消费"给人一种绑架消费的感受，因而愿付价值降低。

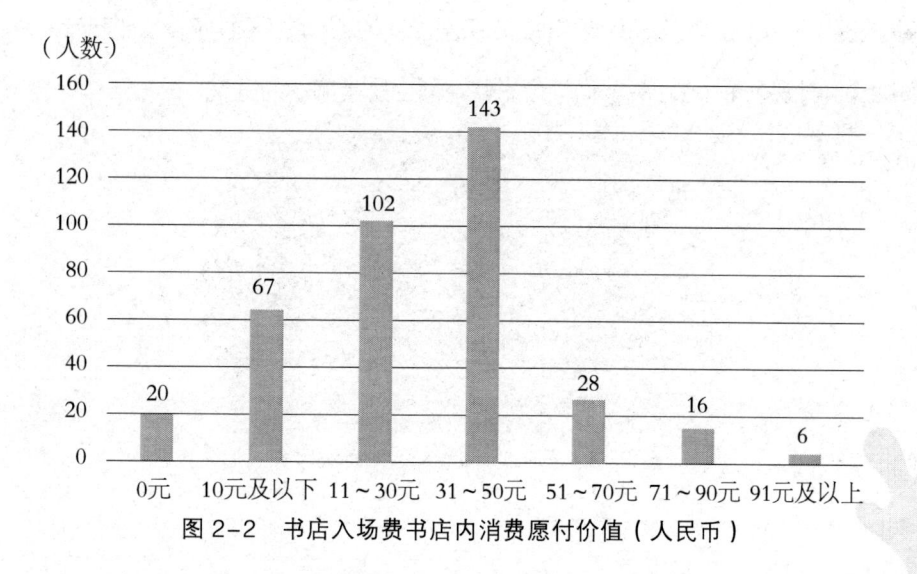

图 2-2 书店入场费书店内消费愿付价值（人民币）

四、书店作为准私有文化服务空间的案例分析

（一）研究案例：罗布森书房

罗布森书房起初成立的原因为创办人对于书籍及书店的热爱与执着，在访谈中，创办人汪世旭对于罗布森书房的经营定位谈道："可以格局很小，但要最具特色，所以希望打造一个比较友善的空间，有回家的感觉，给消费者放松的感受。在空间规划上，希望以书籍为主，再者就是选书也比较特殊，书屋中除了新书销售外，亦有一个微型的图书馆，书籍可以外借的书屋或书店算是创举。"❶ 从上述访谈中可以了解到，罗布森书房的定位为具有温馨感并以书籍为主的体验空间。

1.罗布森书房的准私有化经营方式

罗布森书房的准私有化经营方式为入场费抵书屋消费，倡导阅读为经营宗旨。罗布森书房的经营形式为单人入场一次付台币150元（约人民币33元），小学以下免费。如图2-3所示，这150元在书房中有三种使用方式，即类似抵店内消费的概念。第一，可以如同图书馆形式借阅罗布森书房中的任一本藏书，且可以在台中市立图书馆的各个分馆归还。这种使用方式是在信任消费者会自主归还的前提下倡导阅读，鼓励消费者把喜欢的书籍借阅回家。第二，购买书屋内新书可折抵台币150元，此使用方式亦是从倡导阅读的理念出发。第三，可以在书屋内进行消费，消费的范围涵盖餐饮、文创商品等。由于罗布森书房的创立宗旨在于倡导阅读，因而较少在商业模式上进行过多的发展，更强调读者来此空间中享受阅读的喜悦。

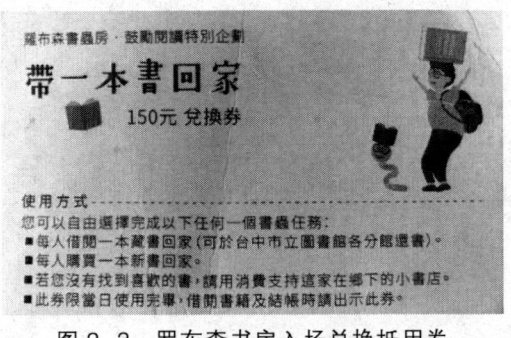

图2-3 罗布森书房入场兑换抵用券

❶ 2019年2月15日，本研究者对罗布森书虫屋创办人汪世旭的访谈记录。

2. 罗布森书房的空间规划

图 2-4～图 2-6 为罗布森书房的空间规划。图 2-5 与图 2-6 为罗布森外观建筑设计，其风格以日式为基底结合木造与灰石材质，图 2-5 为书店外的草坪与二手漂流书区。图 2-7～图 2-9 为罗布森书房室内阅览区与图书区规划，延续外观的日式风格，同样以木造为主，并结合日式的和室设计概念，增添书房的家居感，许多消费者表示来到此书房感受相当放松也是源自此设计概念。图 2-9 则是位于二层采用日式设计风格的会议室，提供文化相关活动的租借服务。图 2-10 则是一整面墙面的书墙，是许多消费者与网红到访该书房必拍照与打卡的地点，成为该书房对外宣传的主要形象，也是吸引许多并非因书籍而来的游客的主要因素。图 2-11 则是位于二层的外廊，亦延续日式风格，采用木板与石子为设计元素。图 2-12 则是位于一层的庭院，以绿色植物为主要设计元

图 2-4 罗布森书房外观	图 2-5 日式外观	图 2-6 日式室内设计
图 2-7 阅览区	图 2-8 图书区	图 2-9 日式会议室
图 2-10 书墙	图 2-11 日式走廊	图 2-12 绿植庭院

素,并布置了几把藤椅,作为一层花园草坪的延伸设计。

3. 罗布森书房消费者深度访谈编码整理

此节将针对罗布森书房的消费者访谈内容以 NVivo11 进行编码,见表 2-3。罗布森书店的消费者访谈内容可以被归纳为三大概念。第一,入场费的合理性与使用性,此部分多数访谈者认为 150 元台币(约人民币 33 元)的收费是合理的,因为可以抵书店内的消费;仅有一位消费者表示起初觉得有点偏贵,但进到书店消费后认为是合理的;其中有一半的消费者表示会用来抵用购书,而另一半消费者则表示会抵用餐饮消费。第二,罗布森书房的吸引特质因素概念方面,可以分为 5 个节点,消费者中有 6 位表示与一般书店及图书馆的差异是该书店吸引其到来的因素,该书店与自然环境融合度高,因而不会给人一种商业化空间的制式感。环境因素则是多数消费者认为该书店吸引其到来的最大因素,环境空间的设置给人有一种回家的轻松感。有一部分消费者表示因选书而来,该书店选书重视文化性,这类书籍在连锁类书店较不易被发掘。关于与周边环境驱动力因素,许多消费者表示其出访理由是旅游,而该书店与周边的咖啡厅及樱花公园形成了一个群聚的景区。关于再访意愿,全部的受访消费者皆表示愿意再访。第三,来访书店的相关基本资讯,多数消费者来访路程在 21~30 分钟,且绝大部分来访者的路程距离少于 30 分钟。来访次数以一次居多,而约有四分之一的人表示来了数次。来访原因以逛书店、出游、下午茶等因素各占三分之一。得知书店信息的方式以亲友介绍居多,占整体消费者近二分之一。

表 2-3 罗布森书房消费者深度访谈编码整理

概念	节点	子节点	材料来源数①	参考点数②	参考点举例
入场费的合理性与使用性	150 元台币入场费的合理性	合理	8	8	我觉得蛮合理的。因为它给你很大的空间,并不会限制你 我觉得这个价值差不多,而且又可以抵消茶、书籍消费,我觉得还蛮合理的
		不合理		1	我觉得蛮贵的,觉得进来就要收费,然后就收 150 元台币(但体验后还是可以接受入场费的定价)
	150 元台币入场费抵消费的使用性	书籍	8	4	买书,150 元台币,而一本书至少要 300 元台币,就可以折抵掉一半,所以觉得还好
		餐饮		4	用来抵餐饮的消费

续表

概念	节点	子节点	材料来源数①	参考点数②	参考点举例
罗布森书房的吸引特质因素	吸引力	与一般书店及图书馆差异	6	6	书店很制式，我觉得那个地方就是让你的心情不是这么轻松 我觉得图书馆的空间还是比较密闭式的，但这个空间是可以和大自然接触的比较清静的地方，而且它的景观也是比较开放性的。加上图书馆可能有很多看书的学生，这个地方比较有区隔性
		环境因素	9	18	它并不会限制你。就像你回来到这个家，你很轻松地可以坐啊、可以躺啊、可以看书 它外部的院子的感受比较不一样，这是别的书店比较少有的
		书籍因素	7	13	在这里可以找到你可能有兴趣，但在那种连锁书店没办法看到的书
		周边环境驱动力因素	4	5	附近有"小林陈舍"咖啡店，所以你觉得到乡下只为了来一个书店 原本是要打算去樱花园区，再过来这边。在网络上知道这家店在附近
	再访意愿	有	12	12	我一定会再来，我一直都会再来，有可能也会介绍给我自己的朋友 会，我觉得这还是不错，来走一走，虽然说有点远了，但是偶尔又想来走一走
		无		0	
来访罗布森书房的相关基本资讯	路程	10～15分钟	9	2	草屯镇上的，所以我过来开车。开车大概的话应该是15分钟
		16～20分钟		1	
		21～30分钟		4	
		31分钟以上		2	
	来访次数	一次	11	8	第一次
		两次以上		3	很多次，已经数不清
	来访原因	逛书店	11	7	作为一个独立书店，就是很想来看看它的想法
		出游		6	要到芬园去看黄花风铃木，然后走这条路线就顺路过来，所以有点像是出游
		亲友下午茶		7	与朋友一起出游
	了解书店方式	脸书	11	2	脸书上搜寻"独立书店"
		亲友介绍		6	朋友介绍
		线下推广		2	看报纸知道的。罗布森老板到企业协会介绍分享
		搜寻引擎		1	网络，之前看到过新闻，在来之前又搜寻一次

注：①指含有该节点访谈材料的数量；②指所有访谈材料中含有该节点的出处。

（二）研究案例：乐乐书屋

乐乐书屋为二层楼的建筑，一楼是乐乐书屋，二楼是乐乐艺文空间。张子庭执行长在访谈中提到，乐乐书屋的定位为"一个很亲近大家的空间，但它同时兼具生活美学的教育概念。它可以是很多可能性，它可以是展演厅，可以是图书馆，可以是画廊或咖啡厅，是一种复合式的文化体验空间。"❶

1. 乐乐书屋的准私有化经营方式：多元化收入模式

乐乐书屋的收入模式较为多元，主要可分为五大类。第一类，入场清洁费。乐乐书屋以收取"清洁费"为由，平日每人台币150元（约人民币33元），假日每人则为台币200元（约人民币45元），6岁以下孩童不收费。当天入场可不限时地使用阅览空间，且提供无限量自助式咖啡、茶包与柠檬水。第二类，课程费用，如图2-13所示。除入场清洁费收入外，乐乐书屋亦不定期提供手作、美术、儿童教育等相关课程，每堂课价位为台币500～2000元不等（约人民币110～450元）。第三类，艺术作品贩售。如图16所示。乐乐书屋的二层空间除艺术品展示外，亦贩售艺术作品，作品皆明码标价贩售。第四类，空间租借。如图17所示的会议空间跟图16所示的艺文展览空间都可提供给外界做艺文活动租用。第五类，现场文具用品与饼干贩售，如图2-14所示。现场消费者可能因停留的时间长而有阅读笔记与零食等方面的需求，但这部分的收入占比较低。

图2-13　艺术课程提供　　　　图2-14　手做饼干贩售

❶ 2019年2月18日，本研究者对乐乐书屋执行长张子庭的访谈记录。

2. 乐乐书屋的空间规划

图 2-15～图 2-23 为乐乐书屋的空间规划。图 2-15 为乐乐书屋立面外观，以其书屋吉祥物猫头鹰为主视觉设计，并种植了 3 棵落羽松。由于其门面精心的设计以及金黄色的落羽松，使得乐乐书屋在网上常以其空间设计感闻名，从而吸引许多网红与游客前往拍照打卡。图 2-16～图 2-21 为乐乐书屋的一层空间规划，图 2-16 为书屋内经典一隅，由一架钢琴和老松树构成一个宁静的画面，室内的老松树从一层生长穿越至二层，并采取自动洒水系统设计，增添了室内绿化氛围。图 2-17 和图 2-18 为阅览区，提供多个座位与沙发，并采用橘黄色灯光设计，除了可以带来温暖的感觉，温和的灯光亦可降低阅览者的阅读疲劳感，提高停留时间。图 2-19 则是书屋提供的无限量饮品区，供应茶包、咖啡包与柠檬水等饮品。配合书屋户外的一整片草地广场，图 2-20 则是书屋提供的野餐用具，让消费者可以免费借用，将服务与户外环境进行结合设计。整个书屋的设计常借用艺术与文学的元素，而图 2-21 则是书屋空间中各类艺术设计元素之一。图 2-22 与图 2-23 为书屋二层空间功能，图 2-22 是展览厅，图 2-23 是会议空间，二层的功能除举办展览与讲座会议外，亦不定期举办文艺活动、贩售画作及提供场地租借，使得书屋有多元营收渠道。

3. 乐乐书屋消费者深度访谈编码整理

此节将针对乐乐书屋的消费者访谈内容以 NVivo11 进行编码，见表 2-4。乐乐书屋的消费者访谈内容可以被归纳为三大概念：第一，入场费的合理性，所有受访消费者皆表示 150 元台币（约人民币 33 元）的入场费用是合理的；第二，关于来访乐乐书屋的相关基本资料，多数消费者得知书店的方式是网络部落客等网上资讯，一部分是亲友介绍。受访消费者的来访次数以第一次居多，而来访次数在两次以上的仅有一位。选择来乐乐书店的原因多数为出游因素，因逛书店这个因素而来的仅有两位；第三，乐乐书屋的吸引特质因素中以环境氛围与环境设计两点的吸引力表现最为突出，其中有消费者表示环境氛围会让来访者能够静下心来，亦有消费者表示书屋的设计相当具有艺术性，消费模式的特殊性亦为吸引因素之一。有消费者表示以门票收费提供无限量饮品形式的书店较为少见，因而具有吸引力。半数的受访

图 2-15 乐乐书屋外观	 图 2-16 乐乐书屋室内	 图 2-17 阅览区
 图 2-18 阅览区	 图 2-19 无限量供应饮品区	 图 2-20 野餐用具供应
 图 2-21 艺术性设计	 图 2-22 展览区	 图 2-23 会议室

消费者表示乐乐书屋的公益理念会增加其前往书屋的消费驱动力，然而亦有半数的表示并不知道乐乐书屋有公益性质的经营理念，其中有部分消费者表示公益性质的经营理念并不会增加其消费驱动力。关于再访意愿，有近90%的受访消费者表示愿意再访，仅约10%的消费者表示无再访意愿，无再访意愿者多数是陪同亲友到访者。与一般书店及图书馆差异的吸引力方面，各有一半的人表示因乐乐书屋与传统的书店及图书馆环境有所差异而吸引其到访，认为乐乐书屋与书店及图书馆之间的差异在于书店是卖书的商业空间，因而给消费者一种使用空间的无形压力；而图书馆又偏向准备考试的阅读空间，无法给人放松的氛围。上述两点是乐乐书屋在空间规划与商业服务模式中所克服掉的问题，因而吸引消费者到访。

表 2-4　乐乐书屋消费者深度访谈编码整理

概念	节点	子节点	材料来源数[①]	参考点数[②]	参考点举例
	入场费 150 元台币的合理性		15	15	值得，可以接受
来访乐乐书屋的相关基本资讯	得知书店的方式	经过逛逛	2	2	刚刚路过所以刚好来看看
		亲友介绍	8	8	朋友介绍的
		Facebook	3	3	网络上看，Facebook 上朋友打卡
		Instagram	6	6	我是上 IG 去查，因为每次出游就是想找一些比较有关于文化那一类的
		网络部落客	14	15	在网络上看到。应该是部落客介绍的。乱画画到的，台中景点之类的（关键字）
	来访次数	一次	29	29	第一次
		二次以上	1	1	第二次
	选择来乐乐书店的原因	出游	21	22	带着一点出游的心态
		打发时间	8	8	打发时间
		逛书店	2	2	喜欢这种复合式的书店
乐乐书屋的吸引特质因素	吸引力	环境氛围	21	35	它会让我觉得在这边很快静下心来
		环境设计	22	38	蛮有艺术气息的
		书籍	6	8	藏书量多
		消费模式	14	22	第一次遇到这种门票形式的
	公益性质的消费驱动力	有	21	25	会，会加分
		无	24	29	不会
	再访意愿	有	22	22	会愿意再来
		无	3	3	不会，我其实我不会来，因为我没在看书
	与一般书店及图书馆差异	与书店差异	11	12	书店不欢迎你待太久，因为你要买书，但你可能不能坐得太久，你只是去那边买你要的东西
		与图书馆差异	14	18	图书馆会比较制式，就是它做一个摆放会比较没有变化性

注：①指含有该节点访谈材料的数量；②指所有访谈材料中含有该节点的出。

五、结语与建议

以下将根据前述研究调查结果提出书店作为准私有文化服务空间的特点与发展建议。

（一）环境氛围与设计感有较高的要求

根据本研究访谈可知，多数消费者是因空间环境设计而到访的。消费者愿意付入场费或清洁费在于其空间的体验价值，因而消费者对于准私有文化服务空间类书店的环境也有较高的要求，其到书店的目的不再仅是满足购书这种功能性的需求，而是享受一段美好时光的精神性体验需求。因此，若书店想朝准私有化的收费经营模式发展，空间的舒适度与美观度则是需要重要考虑的因素。

（二）从购书目的，转为旅游目的

根据本研究的消费者访谈编码结果可以发现，其到访准私有化类书店，不再仅是把这个空间单纯地作为购书的场所。因而在本研究的两个案例中，有约三分之二的消费者到访书店的原因是出游或下午茶，而这样的目的则促使书店经营者在未来商业模式经营时可参考景点化的模式寻求盈利来源。

（三）构建复合式的文化体验功能空间

诚如前述，越来越多的消费者将书店当作一种文化景点，书店若作为一个文化空间景点，卖书已不再能吸引消费者前往，甚至是当作景点进行门票付费，因而目前许多朝准私有文化服务空间经营的书店都会提供复合式的文化体验功能，让消费者在其中有多元的文化服务选择体验。

（四）餐饮服务成为不可或缺的消费元素

根据本研究的案例分析可以发现，两个书店都将餐饮服务列为消费吸引因素之一，但两者的做法略有差异。乐乐书屋采取入场费制度，入场后可以无限畅饮咖啡、茶与柠檬水；罗布森书房则是150元台币可抵书屋内的餐饮消费，且餐饮选择与一般下午茶店并无二异。根据本研究的调查结果，约有半数的消费者会选择餐饮消费抵用。

（五）避免落于一次性消费，多元经营提高再访意愿

根据目前的调查结果，约 90% 的消费者是第一次造访本研究选取的两家书店，且多数是因环境设计因素而来，因而多数消费者是因景点打卡而出游的目的所驱动。虽然亦有 90% 的消费者表示愿意再访，然而除店内的美感吸引力外，如何提升消费者的再访驱动力则是当前发展准文化服务空间书店所面临的挑战。本研究访谈时，乐乐书屋的张执行长陈述他的经营理念是将乐乐书屋定位为一种人与人、人与自然环境之间温暖互动的空间。虽然多数消费者被空间设计吸引而前来，但除外在的环境设计外，书屋也提供许多艺文活动，例如各式展览、艺文快闪活动、育儿教育活动以及手作类工艺课程，让消费者在此空间中有多元文化选择并提高再访动力。❶

---

❶ 2019 年 2 月 18 日，本研究者对乐乐书屋执行长张子庭的访谈记录。

工业遗产保护与文化创意产业园融合模式研究

——以成都东郊记忆为例

■ 四川大学锦城学院　肖捷飞

摘　要：工业遗产的保护与利用越来越受到各国的重视，如何使工业遗产地在新时代焕发勃勃生机，是需要重点关注和解决的问题。本文从"集体记忆"与工业遗产保护与利用角度入手，对成都东郊记忆从环境上的景观更新和内涵上的文化重建等方面进行了解析，从而对工业遗产保护与利用和文化产业创意园融合的互动模式进行对策研究。

关键词：工业遗产；集体记忆；融合模式

随着社会生产力的发展和经济结构的调整，中国社会从工业社会开始逐渐转型。许多传统制造业逐渐衰落，直接导致一批工厂倒闭、关停，大量企业厂房被废弃、闲置。那些具有历史意义、文化意义和社会价值、科研价值的工业建筑、机器设备和生产技术、工艺流程、企业历史记录等就成为工业遗产，也是集体记忆的重要物质载体。同时，随着城市建设进程的加快，城市建设与城市历史保护之间的矛盾日益尖锐。再加之城市群体对休闲娱乐体验的需求与日俱增，逐渐对集体记忆形成普遍性的怀旧情绪。这种怀旧，并不是单一"回到过去"的时间意识，而是一种既有时间意义的"恋旧"，又有空间意义的"思乡"。❶而各种以工业遗产保护和开发利用的文化产业创意园区则成为城市群体满足群体记忆和怀旧情绪的物质载体，这些

---

❶ 赵衡宇. 怀旧视角下老城旧街的复兴及其价值认同：以武昌昙华林街区的"慢更新"为例［J］. 城市问题，2015（9）：18–24.

园区也是工业遗产与文化创意产业的融合。

在这种时代背景下,作为西南重镇的成都也面临着满足城市群体的群体记忆需求和怀旧情绪的问题。成都东郊记忆,原成都东郊音乐公园,位于成都市成华区二环路东二段外侧,是在成都国营宏光电子管厂旧址上改建而成的文化创意产业园区。成都国营红光电子管厂坐落于20世纪50年代的成都东郊工业区,当时是苏联援建中国的机电工业聚集区。20世纪60—70年代,国家的三线建设使东郊工业区成为国家重要的军事工业生产基地。而今,诞生了中国第一支黑白显像管的成都红光电子管厂和投影显像企业却不再符合经济发展需求。21世纪初,成都市政府对成都东郊老工业区内的企业实施搬迁,红光厂作为工业遗址得到完整保留。❶

2009年,成都市委市政府制定的《成都市文化创意产业发展规划(2009—2012)》将成都东区音乐公园确定为成都市重点文化创意产业园区。2011年,集生产、体验、消费于一体的音乐主题园区——成都东区音乐公园正式开园运营。2012年年底,东区音乐公园更名为"东郊记忆"。形成以"音乐全体验"和"音乐产业聚集"为特色的文化创意产业园区,并开发出休闲、娱乐、文艺演出、音乐培训、餐饮酒吧、主题酒店等多功能区。❷

相关负责人在谈及更名时,曾意味深长地说:"'东郊记忆'凸显了项目传承老工业文明遗产这一最大特点","记忆源自历史、联系现实、寄语未来……'东郊记忆'既能引发人们东郊时代的历史记忆,又能激发市民对东郊老工业区改造提升的时代激情和未来展望。"❸

一、集体记忆与工业遗产保护与利用概念

集体记忆(collective memory)由法国社会学家莫里斯·哈布瓦赫最早在《记

---

❶ 吴晓玲.成都东郊一座城市的工业记忆与典藏[N].四川日报,2011-09-16.
❷ 张玉玲.有真园区更有实文化:成都做强文化产业园区打造"城市名片"剖析[N].光明日报,2011-12-01(16).
❸ 陈蕙茹.成都东区音乐公园升级为"东郊记忆"[N].成都日报,2012-11-05(1).

忆的社会框架》一文中提出，他指出："集体记忆可以用以重建关于过去的意象，在每一个时代，这个意象都是与社会主导思想相一致的。"❶目前学界关于集体记忆的研究，主要是有美国社会学家保罗·康纳顿为代表的功能主义和以莫里斯·哈尔瓦赫代表的建构主义。两者所研究的侧重点不同。康纳顿认为，研究记忆的社会构成，其实是研究使共同记忆成为可能的传授行为。他还认为，关于过去的意象和记忆是通过纪念仪式或身体实践等操演来传达和维持的。❷而哈布瓦赫认为，集体记忆不是一个既定的概念，而是一个社会建构的概念。集体记忆是社会群体具有选择性构筑的产物，每个社会群体都有其所属的文化内容，集体记忆可以为它画出领域界线。由此可见，功能主义侧重集体记忆的保存和传播，而建构主义侧重集体记忆的变迁。

国际工业遗产联合保护协会在2003年7月10日到13日通过的《关于工业遗产的下塔吉尔宪章》对工业遗产标准做出定义："工业遗产是指工业文明的遗存，它们具有历史的、科技的、社会的、建筑的或科学的价值。这些遗存包括建筑、机械、车间、工厂、选矿和冶炼的矿场和矿区、仓栈仓库，能源生产、输送和使用的场所，运输及基础设施，以及与工业相联系的社会活动场所，如住宅、宗教和教育设施等。"同时，还对"工业遗产的法定保护"做出了解释："工业遗产应当被视作普遍意义上文化遗产的整体组成部分。然而，对工业遗产的法定保护应当考虑其特殊性，要能够保护好机器设备、地下基础、固定构筑物、建筑综合体和复合体以及工业景观。对废弃的工业区，在考虑其生态价值的同时也要重视其潜在的历史研究价值。"并且"工业遗产保护计划应同经济发展政策以及地区和国土规划整合起来"❸。

西方国家较早产生工业遗产保护与开发利用的意识和方法，体现在通过宪章等法律法规对工业建筑制定严格的保护标准。如澳大利亚在1979年颁布的《巴拉宪章》在建筑遗产保护方面做出了突出贡献，提出了较为完整的遗产保护理论体系，具有深刻意义。该宪章明确提出了遗产再利用的概念，要求相关机构对历史建筑进行功能改造与升

---

❶ 莫里斯·哈布瓦赫.论集体记忆[M].毕然，郭金华，译.上海：上海人民出版社，2002：71.
❷ 保罗·康纳顿.社会会如何记忆[M].纳日碧力戈，译.上海：上海人民出版社，2000：40.
❸ 张松.城市文化遗产保护国际宪章与国内法规选编[M].上海：同济大学出版社，2007.

级，使其具有新的功能。

二、集体记忆与工业遗产保护与利用的融合模式——成都东郊记忆

（一）"修旧如旧、旧房新用"原则，保持工业遗产原貌上进行景观改造

以工业园区作为文化产业创意园区改造对象，需满足城市群体的集体记忆需求。成都东郊记忆遵循"修旧如旧、旧房新用"的原则，在传承工业历史文化、保护工业遗产遗存的基础上，对国营红光电子管厂独特的工业厂房与仓储类用房、办公及服务建筑、大型设施设备、特殊建筑及构建筑等不同形式的工业遗产遗存物，根据其原始的建筑形态和空间特色，在保留城市群体的集体记忆原貌上营造工业与音乐、传统与时尚的多业态的共融文化氛围（见表2-5）。

表2-5 东郊记忆工业遗存改造统计表

工业遗存类型	改造方案	业态呈现
临近广场、步行道的1～2层厂房	餐饮类小商铺	中西餐厅、咖啡馆、创意小铺
	主题鲜明、装修精致、富有情调的休闲商业空间，形成连续的商业界面	音乐DIY创意集市、音乐大集市、明星街、酒吧工场、文化餐饮街
体积较大、层高较高的大型车间和面积较大的露天场所	可改造成剧场、露天演出、展示的空间	成都舞台、演艺中心、音乐现场、影立方、KTV、FBA娱乐体验馆、星光墙
三层以上的厂房或办公用房	音乐创意办公场所	中国移动无线音乐基地、星工场等
特殊建筑物及大型设施设备	工业遗产文化特征明显、工业标志性较强	东区记忆馆、游客中心、火车头广场
相对僻静的独栋建筑	外表朴实、内部装饰奢华的主题酒店、会所	汉易雅间酒店、东区招待所、24房设计酒店

在建筑风格上，东郊记忆实现了工业传统与音乐时尚的共融，使得游客不仅能全方位体验音乐的魅力，还能近距离感受城市的变迁，而"修旧如旧，旧房新用"是其建筑的主要特色，结合了计划经济时代工业美学与现代商业建筑功能，营造了东区兼具怀旧和时尚气息的艺术氛围。比如具有工业标志性的红砖大车间被改造为

影院和剧场；直径达 16 米的氢气罐则成为国内一流的视听空间；多夹层、多渠道的高层厂房化身为音乐的展示殿堂；而烟囱、传送带、锅炉等巨大构筑物围合而成的独特区域被打造为国内最具特色的音乐酒吧区；原红光电子管厂老办公楼则被改造为国内唯一的设计酒店。

东郊记忆原有的工业遗产本来就构成了城市群体几代人的集体记忆，那些富有时代感的标语和插画、"东方红"号蒸气式火车头和绿皮车厢、歼 5 教练机、B43 雷达与复古的警车模型、工业社会时期的自行车、收音机、缝纫机、电视机等，营造了那个时代特有的场景感，唤起了城市群体对那个时代的集体记忆。

（二）"一基地、多名片"定位，打造融合多元文化艺术形态的文创高地

以红光电子管厂旧工业厂房原址为依托，传承计划经济时代的工业传统文化，并将其与现代音乐时尚文化共融，从"数字音乐产业园区""音乐互动体验园区"特色转变为"一基地、多名片"的工业遗址文化创意产业园，不仅是成都老东郊工业区的标记，更是成都时尚新东方的标杆。"一基地"即音乐产业基地，东郊记忆继续深化与中国移动无线音乐基地的战略合作，联手打造"中国数字音乐科技孵化园"。"多名片"则指园区要力争成为融合多元文化艺术的复合文化平台，既是中国工业遗产保护的样板，又是传统工业文明向现代文化创意产业转型的典范（见表 2-6）。

表 2-6 "一基地、多名片"的多元文化艺术形态统计表

业态类型	业态	影响力
商务办公	中国移动无线数字音乐基地	成都东区产业引擎
	数字音乐总部基地：依托中国移动的产业龙头引力，将有 200 余家的无线音乐内容服务商和渠道合作商的总部、区域总部及其数字音乐研发市场部门	全国独有的数字音乐企业聚集区
演艺与展览	2500 平方米、可容纳 1200 个座位以上的成都东区演播中心	东区重要的演出、展览场所
	成都舞台	目前国内唯一的户外大众音乐展演场地
	小剧场文化基地	国内小剧场院线的模板式基地

续表

业态类型	业态	影响力
音乐培训	星工场多媒体娱乐空间	娱乐、培训、选秀、造星于一体的立体化平台
音乐主题零售	明星街、音乐大市集	明星衍生品的汇集区、歌迷与艺人的互动空间
	天籁街	顶级音响媒介体验消费区
酒吧娱乐	各个影院及各式音乐酒吧	打造成都娱乐新地标
文化餐饮	以音乐为主题的知名餐饮企业	不同消费人群的聚会聚餐场所
设计酒店	配套服务	酒店、艺术、音乐的完美集合

同时，东郊记忆还调整了业态规划，以商务办公、演艺和展览、音乐培训为产业发展支撑，辅以文化餐饮、设计酒店等商业配套，打造集商务、休闲、娱乐为一体的新形态商业街区（见图2-24）。

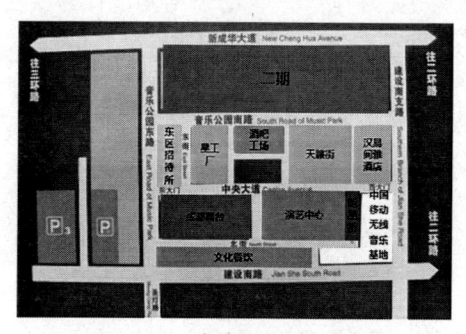

图2-24 东郊记忆业态分布

（三）音乐产业和音乐消费互动的产业发展途径

东郊记忆在开发初期，成都传媒集团就与中国移动四川公司签订了《关于"中国移动无线音乐基地"入驻"成都东区"的合作协议》，充分挖掘无线音乐俱乐部基地的巨大产业辐射能力和龙头效应，引进中国电影集团、Channel v、星空传媒、北京歌华、国家音乐文化创意产业基地、D9数码音乐集团及全球四大唱片公司、德国歌德学院等其上下游产业链上的CP（内容服务商）、SP（渠道合作商）近200家企业。同时，东郊记忆还引进了德国保险箱、音乐互动仓、香薰音乐馆、禅乐馆、

FIX音乐工坊、哈雷公路音乐部落等非主流音乐场馆，业务范围包括现场音乐会、明星签售会、珍藏版黑胶唱片、发烧音乐器材、顶级视听间、明星衍生品售卖、先锋小剧场、音乐酒吧等，开创了全国乃至全世界时尚音乐体验新方式。着力探求音乐产业和音乐消费互动的产业发展途径，力图将音乐产业上下游的企业和从业人员整合到一起，逐步形成音乐创作、制作、音乐展演、明星、音乐经纪、音乐版权、传媒等产业链上各优势品牌集聚东区的全产业链。

三、结语

无论是寻求集体记忆的保护方式，还是满足城市群体的怀旧情绪，工业遗产的保护开发无疑已成为城市快速发展与城市工业遗产保护层面上的新课题。工业遗产作为城市文化产业发展中的良好触媒，有助于增强群体对于工业遗产的认知度，更有助于提升文化创意产业的文化价值和历史意义。

文创园区的邻避治理路径探析
——以台北松山文创园区为例

■ 江苏师范大学历史文化与旅游学院　房　芳

摘　要：在都市发展进程中，综合型文创园区成为新的邻避设施遭到周边社区居民的反感。文创园区的集聚效应给社区公共空间带来了巨大压力；社区居民因住宅位置不同产生利益分化，大部分居民难以依赖市场解决生活困境；民营园区忽略与社区协力发展，而政府经营的园区也基本停留在浅层互动，邻避治理效果不佳。建议文创园区在坚持产城融合发展的根本原则下建立与社区协力发展的机制，政府应从政策层面加强对委外经营园区的社区邻避治理的重视与监管。

关键词：文创园区；社区；邻避治理；协力

一、现代都市发展中的文创园区邻避效应

在现代城市发展中，随着城市基础设施与公共设施建设的不断扩张，会产生一种希望有便利的公共设施，但是又不希望设在自己家门口的邻避情结（NIMBY syndrom，即 Not In My Backyard，意为"不要在我家后院"）。[1]从社区民众反对污染性设施（比如焚化厂、垃圾掩埋场等设施）开始，邻避情结初见端倪。随着社会发展和现代化城市建设推进，邻避情结开始蔓延至其他公共设施，比如能源性设施、

---

[1] 刘阿荣，石慧莹．社群意识与永续发展：邻避现象及补偿金之分析[J]．中国行政评论，2004（3）：1-32．

工业区、交通工程建设等都成为社区居民反对的邻避设施。❶ 邻避情结背后的利益冲突经常性地上升为社会不安定因素，甚至不断升级演变为行为冲突，成为社会各界关注的公共问题和政府希望解决的社会问题。

随着城市化的纵深发展，邻避设施的范围不断扩大，作为城市名片、定位为文化休闲商业综合型的文创园区也因带来人潮、增加交通压力和破坏环境等问题成为邻避设施。位于人口密集的生活区周边的文创园区在人潮、噪声、停车等问题上很容易造成对周边社区的干扰，引起居民的抗议，园区因扰民问题被投诉也是常有的。文创园区如何协调与周边社区的关系、缓解周边社区居民的邻避情结、形成共治下的和睦发展成为文创园区文化治理中不可逃避的问题，也是本文要探讨的主要问题。

二、都市文创园区邻避效应的表现

对公共空间的侵占是文创园区邻避效应的根源，文创园区的设立改变了周边社区的原生环境，也改变了居民的生活状态。在文创园区的众多利害关系人中，周边社区的利益是最容易被忽略甚至被牺牲掉的一方。尤其是那些设立在人口密度较高的都市生活区内的文化休闲商业综合型文创园区，由于消费型业态的出现会在短期内聚集大量游客，从而对周边社区的公共空间产生一定程度的侵占，影响到居民的正常生活。具体表现在以下几方面。

（一）文创园区的聚集效应带给社区巨大的压力

表面光鲜红火的文创园区在给城市经济、游客、文创商家带来巨大利益的同时，也给文创园区周边的社区带来很大的困扰。文创园区带来大量人潮，邻近社区的公共空间就容易被侵占，随之而来的交通拥堵、卫生被破坏、环境被破坏、周边物价上涨等问题集中爆发，社区原生的生活状态被彻底打破，居民生活被迫改变。

---

❶ 丘昌泰. 从"邻避情结"到"迎臂效应"：台湾环保抗争的问题与出路［J］. 政治科学论丛，2002（17）：33-56.

以台北松山文创园区为例,松山文创园区与信义区新仁里社区仅隔一条 6 米宽的巷道(忠孝东路四段 553 巷),对于新仁里社区而言,原本平静的住宅区因松山文创园区的出现而变了调,本来是以住家为主、闹中取静、居民安居乐业的社区,紧邻废弃的松山烟厂内也是植被茂密,一片幽静,社区生活安稳平静。但在松山烟厂旧址变成开放式的文化创意产业集聚空间即松山文创园区之后,大量的市民及游客慕名前来参观,尤其是在假日或有大型展览和文创活动之时,整个园区附近被挤得水泄不通,严重影响了新仁里社区居民的生活,新仁里的居民认为:"他们享受到了,可害苦我们了,我们必须要把我们的公共空间让出来,让给游客去分享。"而随着松山文创园区知名度的提升,产业集聚效应在园区周边慢慢显现,新仁里内出现越来越多的文创商店、文创餐厅,原来的传统商店不见了,阳春面换成了高级西餐,居民的生活成本不断提高。

(二)文创园区的设立造成社区内部产生利益分化

文创园区对周边社区居民的影响容易产生两极分化的现象,临街与非临街、低层与高层的差别非常大。文创园区的设立催生周边地价攀升,低楼层尤其是临街一楼的住宅在文创园区的集聚效应下可以轻易实现租金翻倍,但是居住高楼层的居民不但无法获得高额租金的利益,同时还要饱受人声嘈杂、道路拥挤之扰,最终导致许多高层居民被迫外迁,但高昂的地价和破旧的建筑条件的不对称性又使他们的住房很难脱手[1],除非政府推行强有力的收购计划,否则文创园区周边社区的居民很难自行依赖市场完全解决他们面临的困境。

(三)委外经营的文创园区邻避效应明显强于政府经营的园区

政府营运文创园区时,比较容易对周边社区释出善意,重视与社区的交流与互动,有较好的双方协力发展基础,松山文创园区的古迹区是由台北市文化局下辖的文化基金会运

---

[1] 邵静怡,孙斌栋. 创意产业集聚与城市更新的互动研究:以上海田子坊为例[J]. 城市观察,2013(1):158-168.

营,园区为新仁里社区设立了活动室,并为附近居民举办各类节事活动,辐射范围扩大至整个信义区各里。

相比之下,由政府委托民间企业经营的文创园区的邻避效应更加明显。松山文创园区内的台北文创大楼(也称BOT区)是由政府以BOT的方式委托台北文创公司建设及运营,主要股东富邦集团与台湾大哥大以及承租的二房东诚品作为文创大楼运营方与新仁里社区之间没有任何互动行为,社区与文创大楼共享的停车场常被游客车辆侵占,居民怨声载道。新仁里社区居民认为,台北市政府与民企签订台北文创BOT案时就已经把新仁里牺牲掉了,居民感觉自己被政府出卖。商人的逐利性本质会给社区带来更多负面影响,在完全无视周边社区的情况下,文创园区与社区之间的矛盾越来越深。

(四)园区与社区浅层互动,缓解邻避情结效果不佳

文创园区管理者在面对周边社区的邻避情结时也会考虑到通过互动来减小摩擦,譬如,在园区空间相对富足的前提下,拿出一间作为居民活动中心;在中秋、元旦等节日举办一些简单的居民联欢活动、居民同乐会等聚会。但因为上述活动对居民的吸引力不够,加之园区宣传工作不到位,导致居民的参与热情很低,甚至很多居民根本不知道上述活动的存在。可见,停留在表面的浅层互动对缓解园区与社区之间矛盾的作用并不理想,浅层的应付式的互动不能从根本上解决居民的邻避情结。

三、文创园区邻避情结治理途径

(一)园区与社区协力发展,变邻避为迎臂

近年来,有效疏解邻避情结带来的负面影响也成为政府的期待,台湾地区有不少成功的案例可以借鉴。例如,早在1996年,台北市著名商圈永康街的市政规划道路扩建工程遭到周围居民抵制,名为"永康公园之友"的自发性社区居民团体就在保护永康公园运动中起到了核心作用,成功阻拦了政府缩减永康公园用于扩建道路

的工程，为民间社区营造提供了可参考之经验。另一成功案例是在宜兰的白米社区，面对工厂邻避设施对社区环境的侵害，社区采主动借助申请政府各类补助参与到社区环境改善中去，工厂在看到居民的努力后也转变态度，对社区环境作出善意回应，双方在互释善意的基础上产生了社区与工厂的良性互动，社区环境大为改善，在整个过程中，政府并没有过多参与，几乎只通过提供一定的补助金就实现了社区营造的美好结果。❶ 综合上述两个成功案例可见，社区团体作为邻避设施的利益相关者之一，有权力参与到邻避设施的治理中去，而社区与邻避设施之间的协力是解决矛盾的关键，这在文创园区文化治理中也非常适用。

因此，文创园区不能忽略周边社区居民的情感，也不能忘记文创园区对周边社区在经济和文化的反哺义务，可以为社区提供适当的经济补偿和人文关怀，形成园区与社区之间的良性互动。文创园区要考虑到社区的利益，与社区进行深层次的互动以得到居民的认同，以"认领"或参与园区事务的方式增加社区居民对文创园区的归属感，提升社区的参与度。

（二）产城融合发展为文创园区邻避治理之根本途径

20世纪80年代开始的欧洲城市更新中，文化旗舰项目和文化消费空间在短期内带给城市大量外来参访者，快速提升了城市形象和复苏了城市经济，成为当年欧洲国家青睐的策略。但此类项目的文化认同问题却成为政策漏洞，文化消费的高门槛阻碍了与当地居民的结合，因而出现了外来参访者数量增加的同时，在地居民持续外迁的怪现象，常住人口减少、就业率持续低迷。❷ 没有得到在地居民认同的城市文化策略是没有持久性的❸，没有得到周边社区居民认同的文创园区沦落为邻避设施，其发展也是缺乏可持续性的。

---

❶ 丘昌泰. 从"邻避情结"到"迎臂效应"：台湾环保抗争的问题与出路 [J]. 政治科学论丛，2002（17）：33-56.

❷ EVANS G. Cultural Planning：An Urban Renaissance？[M]. London：Routledge，2001：218.

❸ 黄鹤. 文化政策主导下的城市更新：西方城市运用文化资产促进城市发展的相关经验和启示 [J]. 国外城市规划，2006（1）：34-39.

文创园区缺少宏观的产城融合发展理念，尤其是许多单体建筑或是建筑面积比较小的文创园区相对比较封闭，不但与周边社区的融合很少，而且忽略与城市发展相融合，致使文创园区与周边在空间和功能上出现双重分离，形成了一种"文化孤岛"现象。❶得不到在地居民认可的文创园区就如同失去生存土壤的大树，必然没有可持续性。文创园区不应是游离于社区之外的"文化孤岛"，应主动与社区架起沟通桥梁，与社区之间建立沟通与互动机制，形成园区与社区的融合一体化发展，使文创园区的空间扩散效应得到发挥，实现园区与社区的双赢。因此，坚持产城融合理念，"响应居民的文化需求，响应地方的文化特色"是文创园区发展中应始终坚持的原则，建立起双方共荣共赢的目标，以实现园区与社区的融合发展。

产城融合是未来文创园区的发展趋势，文创园区在功能上应更加复合，"园区＋社区"的复合模式是未来文创园区的升级方向。文化休闲商业综合型文创园区应承担更多社区需要的文化、商业与公共服务的功能，对保障商业的存活和维持园区活力起到重要作用，而社区可以承担进驻文创园区企业员工的居住功能，有效解决员工都市通勤成本高的问题。如果是在都市中心的综合型文创园区，周边社区生活空间相较小，文创园区应释出更多的公共空间起到缓冲和隔离作用，避免园区集聚游客过度侵占社区公共空间；在大型展览或文创活动时，园区应增加人力用于社区内交通的疏导以及卫生的清洁；园区应提高公共空间的夜间使用效率，以增加社区居民的使用率。文创园区与社区融合发展的首要任务是让周边社区居民形成对园区的文化认同感，文化认同感的行程必然经过"深度了解—产生好感—建立情感—文化认同"的过程，了解是双向的，因此园区既要提升社区的参与度，又要深度挖掘社区在地文化。

（三）政府应加强对委外经营文创园区邻避治理的约束力

文创园区邻避情结的出现归根结底是政策制定者在设立文创园区之初完全没有

---

❶ 陈娴颖. 中国文化产业园区治理模式研究［M］. 北京：社会科学文献出版社，2016：1.

把社区作为利益相关者的一方纳入考虑范围，尤其是那些以 BOT 的方式委托民间经营的园区，在商人逐利本质的驱动下，园区对社区的负面影响越来越严重，社区居民邻避情结难以消除。因此，政府在设立文创园区之初，应根据园区定位和园区经营方式制定相应的"园区＋社区"发展策略，针对委托民间企业经营的文创园区的特点，在委外契约中重点关注社区的利益，把与社区融合发展落实到招标公告条款中。同时，政府应发挥好职能监管作用，并及时评估民营企业的社区融合发展绩效。

四、结语

在文创园区的众多利害关系人中，社区相对弱势，成为最容易被忽略掉的一方。但现实中社区公共空间被侵占，社区生态和人口结构、邻里关系网络等都因文创园区的出现而被迫改变，给社区居民生活带来了很大影响。由于受传统产业园区相对封闭观念的影响，文创园区与社区的联结很少，民营园区基本没有互动，政府经营的园区稍有互动也是比较浅层的走访慰问之类，没有产城融合的理念，更没有提出"园区＋社区"的发展思路，文创园区依然处于"文化孤岛"的发展阶段，对文创园区的长远发展埋下隐患。

文创园区与社区的协力发展是文创园区邻避治理的关键，也是文创园区文化治理的重要组成部分。文创园区涉及众多利益相关者，在市场经济规律下，多方共同参与园区发展如同博弈，多方博弈的结果必须是一个"不是最佳但各方可以接受"的方案❶，绝不能是牺牲任何一方利益的方案。因此建议文创园区在产城融合发展原则的指导下，树立"园区＋社区"融合发展的目标，政府在政策层面加强指导与监督，以实现文创园区由"邻避"变"迎臂"。

---

❶ 朱炜.以生态为本的文化产业园区建设：西部县域文化产业园区的立项尽调和概念性规划[J].四川省干部函授学院学报，2010（3）：19-26.

城市文化空间的升级再造模式探析
——以网红书店"西西弗书店"为例

■ 中国传媒大学文化产业管理学院　吴奕瑶

摘　要：城市文化空间作为展示城市文化的重要窗口，承担着传播和延续文化意蕴的重要责任。新芝加哥学派领军人物特里·克拉克提出场景理论来阐述后工业化城市发展的特点，都市娱乐休闲设施的不同组合会形成不同的都市"场景"，不同的都市场景蕴含着特定的文化价值取向，这种文化价值取向又吸引着不同的群体前来进行文化消费实践，从而推动区域经济社会的发展。❶ 网红书店的出现似乎印证了城市由生产向消费的转变。本文以场景理论的五要素为工具，以网红书店"西西弗书店"为例，对于书店这一城市文化空间升级再造模式进行分析，以期对其他类型城市文化空间的转型升级提供可借鉴方法。

关键词：城市文化空间；场景理论；网红书店

书店作为最典型、最基本的城市文化空间之一，是展示城市文化的重要窗口，也是居民进行文化活动、文化产品消费的主要场地。在传统纸媒时代，书店简单承担着售书的职能，而在数字媒体技术发达的今天，纸媒"式微"的局面下，书店由简单销售向文化综合功能体的转变似乎是顺理成章。

---

❶ 吴军. 城市社会学研究前沿：场景理论述评［J］. 社会学评论，2014，2（2）：90-95.

一、场景理论基础

随着后工业社会的到来，大批制造业从城市中心撤离，取而代之的是文化创意、休闲娱乐、高新技术和金融服务等新兴产业，城市形态开始由生产型向消费型转变。伴随着城市形态的变化，以生产为基础的传统社会理论在面对城市的快速更新与发展时受到了严峻地挑战。为了应对这种挑战，新芝加哥学派提出"场景理论"，对全新的城市形态进行重新诠释。

（一）场景理论的概述

场景理论以消费为导向，以生活娱乐设施为载体，以文化实践为表现形式，推动经济增长，重塑后工业城市的更新与发展路径。场景理论中的"场景"一词来源于对"scenes"的翻译。根据"场景"在电影中的应用来看，包括对白、场地、道具、音乐、服装和演员等影片希望传递给观众的信息和感觉。在场景中，各个元素的关系是相互有机关联，同质元素布局之间有必然的出现关系，异质元素布局之间将表达颠覆性的思想。特里·克拉克将该现象引入城市社会的研究中，进而形成了"场景理论"。在城市中，场景的构成是"生活娱乐设施"的组合，这些组合不仅蕴含了功能，也传递着文化和价值观。文化和价值观蕴藏在城市生活娱乐设施的构成和分布中，并形成抽象的附好感和信息传递给不同的人群。实际上，"场景"概念已经超越了生活娱乐设施集合的物化概念，而是一种涂尔干所描绘的社会事实，是作为文化与价值观的外化符号影响个体行为的社会事实。[1]

（二）场景理论的五个要素

场景理论作为新芝加哥学派的城市研究新范式，把城市空间的研究从自然与社

---

[1] 吴军. 城市社会学研究前沿：场景理论述评[J]. 社会学评论，2014，2（2）：90-95.

会属性层面拓展到区位文化的消费实践层面。新芝加哥学派通过对纽约、洛杉矶、芝加哥、巴黎、东京和首尔等大城市进行研究后发现，都市生活娱乐设施的不同组合会形成不同的"区位"场景，不同的区位场景蕴含着特定文化价值因素，文化价值因素又吸引着不同群体，从而催生并形成高级人力资本与新兴产业的聚集效应，推动着城市的更新与发展。❶"场景"这个工具将会揭示各种消费实践活动的符号意义。场景包括五个要素：邻里社区、物质结构和基础设施、多样性人群、文化实践活动以及场景中蕴含的文化价值。"场景"就是一个充满意义符号的社会空间，这个空间中的消费意识形态受到暗示意义链和符号的控制，能推动一定价值观维度下新消费场所的产生。

二、书店升级转型的必要性

进入 21 世纪以来，受电子商务的影响，许多传统实体书店受到巨大冲击，很多中小型书店都面临倒闭的惨淡局面，曾为中国最大书店的第三极书局于 2009 年开始缩小规模。紧跟其后的是一大批在图书行业内处翘楚地位的传统实体书店宣布正式倒闭，其中包括广州的三联书店、北京的"风入松"和"光合作用"等，而位于上海的季风书店从鼎盛时期的 8 家门店，到最后只剩下总店在勉强维持。资料统计显示，仅 2011 年上半年停业的中小型书店就有约 1.2 万家。实体书店这一大面积的"关门潮"现象使传统图书行业正式进入寒冷冬季。❷

面对实体传统书店的惨淡经营，一批积极寻找升级转型模式的新型"网红书店"的出现打破了这种局面。2014 年上半年，图书市场开始出现"回暖"迹象，结束了持续两年的负增长。2015 年，实体书店仍延续了增长的态势。这些新的实体书店不再是大众印象中传统书店的模样，而是趋向一个经过专业设计、策划的复合式文化

---

❶ 吴军，夏建中，特里·克拉克. 场景理论与城市发展：芝加哥学派城市研究新理论范式［J］. 中国名城，2013（12）：8-14.

❷ 刘玮婧. 实体书店售书空间设计研究［D］. 广州：华南理工大学，2018.

体验空间，极大地调动了消费者的积极性，带来了全新的消费体验。

三、场景要素分析

根据场景理论，一个场景需要满足五个要素：邻里社区、物质结构和基础设施、多样性人群、文化实践活动以及场景中蕴含的文化价值。接下来，将依次阐明西西弗书店所具备的这五种场景要素。

（一）邻里社区：商业圈中的"文化角"

西西弗书店大都将店面选址在交通便利、人流量大的商业街区或者大型商业综合体内，例如北京的西西弗书店选址在长楹天街、蓝色港湾、国贸等商业街区，与周边商圈进行战略合作，每家门店因周围环境的不同而各有特色，店内区域以及图书的陈列、品种也会根据商圈顾客群体特点做出相应的调整。一方面，有助于吸引更多消费者进入门店体验；另一方面，文艺、安静的氛围也为浮躁、商业化的社区带来清新的文化洗礼，强烈的反差对比更是增强了书店的文化传播效果。

（二）物质结构和基础设施：温暖的"家"

西西弗书店的空间设计理念是"一切均可阅读"，店面装修秉持温暖、简约、复古的欧式风格，采用暖色调的淡黄色灯光，暗红色墙纸，明亮的暖黄色灯光与暗红色墙面相呼应，形成一种温馨安宁的氛围。大量自然的原木桌椅，以装饰画为底的玻璃橱窗，让消费者感受到精致而文艺的气息。店内书架、墙壁上悬挂了简约的海报或是极具艺术感的装饰物，营造强烈的设计感和艺术感。以深绿为主基色，红、黑为辅基色的色彩搭配产生的视觉冲击力，制造出强烈的艺术张力。西西弗书店的装修风格独树一帜，温暖、时尚的店面设计吸引消费者走进书店，停驻在书店。❶

---

❶ 胡磊. 西西弗书店：引导推动大众精品阅读[J]. 新阅读，2018（12）：34-36.

在进行图书摆放时，根据书店自主研发的大数据以及该门店客户群的细微差别进行差异化图书种类配置，并且将畅销排行榜根据文学、社科、经管、教育等进行分类梳理排行情况，清晰明了。

（三）多样性人群：复合活动人群

传统书店的消费人群往往集中在文化人、学生等具有书籍消费需求的人群中，而西西弗书店以欧式复古的店面设计吸引了时尚人士，通过举办涵盖了生活、文化、亲子等各方面的文化活动，如西西弗书店音乐分享会、西西弗书店新书首发签售会、西西弗书店读书分享会、西西弗书店亲子阅读大讲堂等，吸引了音乐爱好者、文学爱好者、粉丝、儿童等多种类型的群体，在书店集聚了多样性的人群。

（四）文化实践活动：综合活动空间

走进西西弗书店，除常规的阅读、书籍区域外，不二生活区为消费者提供文创产品、高品质创意家居产品，矢量咖啡区则售卖专业的意式咖啡和精美西点。时尚简约的店面设计更是吸引很多人前来拍照、"打卡"。书店摇身一变，从买书看书的场所演变为集摄影、饮品、阅读于一体的复合空间。

（五）场景中蕴含的文化价值：多元体验感

西西弗书店通过对多产业的融合重组，将图书作为核心产品，学术类、时尚生活类杂志和报纸作为其他基本产品，文创产品、文具、咖啡成为附加产品。消费者除能感受到图书带来的艺术、文艺价值外，文创产品、文具等又带来了新鲜感，咖啡、阅读区域也增加了消费者的舒适感，欧式复古的店面设计带来温暖、时尚的感受，"网红书店"的身份无形中又给消费者增添了快感。西西弗书店的场景中蕴含多重的文化价值，通过三大区域的不同体验设置带给消费者多元体验感，增强了顾客的体验感知价值。

西西弗书店不同分店的主题定位也有所区别，每一家西西弗书店会根据所处商圈及该区域的客群特性，搭建不同的产品结构。每当进入新的一家西西弗书店，都会得到不同的体验感以及新鲜感。而对于那些以某家书店为长期光顾目标的人来说，与其他家门店相比，无疑会对常去的门店拥有特殊定制感。

四、网红书店对于城市文化空间塑造的启示

网红书店的出现为低迷的实体书店市场带来了全新的生命力，类似西西弗书店的"网红书店"吸引了人们对于书店的关注，并且成功挖掘了潜在的客户群体，借"网红"之势，增加了消费者对于书店的光顾频率，增强了其进行消费的可能性。而消费者进行实体书阅读的行为消解了部分对于互联网的"浅阅读"，增强了居民对于文化空间的关注度。

网红书店的成功经营，对于其他城市文化空间的重塑存在一定的启示，具体来说，对空间设计、业态组合、服务都带来了新的思考。

空间设计方面，进行空间升级，从传统的单一销售到完整生活方式的转变。列斐伏尔的空间生产理论认为，"空间是一种生产资料，一种消费对象，作为一个整体的空间在生产中被消费。既为产品，也是社会生产力或再生产者，是一个社会关系的重组与社会秩序实践性建构的过程。"[1] 根据空间生产理论，空间也是产品的一部分，对于空间设计的创新、转变可以扩大消费人群、增加消费可能性。对于城市文化空间来说，消费者需要的是能够引起情感共鸣的空间体验，能够带来舒适感、新鲜感的空间环境。彰显生活方式的空间设计能够为市民提供表达个人价值主张的机会，促进整个社会文明及人们幸福指数的提升。

服务方面，在选择多样化、信息多样化的背景下，服务多样化成为城市文化空间的必然要求。在有形服务方面，完备的基础设施例如休息区、自动贩卖设备等是必不可少的，其他的便捷服务设备、专业的服务人员会提高消费者的舒适度。此外，

---

[1] 廖昳. 实体书店与城市空间相融合研究：以南京"先锋书店"为例[J]. 今传媒，2017, 25（6）：89-90.

根据不同需求的消费者设置不同职能的部门，提高服务效率，增强消费者的幸福感。在无形服务方面，专业度高、知识面广的工作人员可为顾客提供全方位的服务。与单一的服务相比，利用科技手段和人工共同服务，有形服务和无形服务的多样化深化消费者的服务感知效果，增强体验感与满足感。

业态组合方面，网红书店的职能发生了转变，从传统的看书、买书的场所转变为综合文化体验空间，从单一职能转为多重功能，市民在空间内就可以发生由简单行为到多项社会生活活动的转变，对市民的生活习惯产生潜移默化的影响，消费者需要这种能够集齐所有生活方式的空间提案。究其根本上的变化是改变传统单一产业的发展模式，将多产业进行有机融合，形成文化空间集群，展开多元业态经营模式。近年来，跨界融合已经成为服务经济发展的一个特征性事实。通过跨界融合，以核心产业为主导，相关产业为辅助，可开发产业为新鲜血液的全新业态重组，对原有的产业赋予了新的附加值、功能以及更强的核心竞争力，从而达到为消费者带来更多的价值的目的。

业态组合的形式在提供文化服务的同时，能够带动周边产业发展，与购物、餐饮、院线、服饰、超市等业态相组合，互相形成业态补充，发挥自身的文化聚集性，为周边产业带来动态的复合推广效应与文化品牌价值。

五、结语

实体书店是城市文化的象征，不仅能够培育大众的阅读兴趣，也对文化的传承和传播有着不可替代的作用。书店作为典型的城市文化空间，当传统的单一模式不能满足现代城市人的文化消费需求时，进行经营模式、空间设计、业态等方面的升级再造势在必行。因此，为了增强城市文化空间的使用率，发挥其传播文化的功能，老旧的、无法满足现代城市居民的城市文化空间的升级再造迫在眉睫。

城市文化治理视角下的城市流动摊贩治理问题研究

■ 中国传媒大学文化产业管理学院　谢　慧

摘　要：城市流动摊贩的集聚是城市街区活力的体现，也是一座城市街头文化的重要组成部分。城市流动摊贩的存在对城市居民、流动商贩和城市的发展都具有重要的意义，但其不规范的经营活动同时也暴露了许多城市治理问题。城市流动摊贩作为城市文化的一部分，其治理问题显露了城市文化治理中存在的问题。本文将对这些问题进行分析，并从城市文化治理的角度提出相应的解决对策及建议。

关键词：流动摊贩；城市文化治理；人性化维度

一、城市流动摊贩概述

城市流动摊贩是指在城市街道、街区等公共空间开展流动性经营活动的商贩，是城市街头文化的重要组成部分。一方面，城市流动摊贩的存在释放了城市街区活力，有利于形成城市特色，打造城市品牌；但另一方面，城市流动摊贩的不规范经营也导致了挤占城市公共设施和资源等问题频发。因此，对城市流动摊贩管理的研究是城市文化治理的重要课题。

（一）城市流动摊贩存在的意义分析

城市流动摊贩的存在对城市居民、流动商贩和城市的发展都有其重要的意义。对于城市居民而言，城市流动摊贩给城市居民的生活带来了便利与实惠。有人的地方就会产生需求，而需求则会带来供给。因此，虽然流动摊贩没有固定的经营场所，但其大多聚集在市场、学校、居民社区周边等人口密集区域，为城市居民的购物需求带来了物理空间上的便利性。另外，由于流动摊贩无须缴纳固定经营场所的租金，降低了经营成本，因此在销售价格上具有一定的优惠性。

对于流动商贩而言，流动摊贩为其带来了经济效益。由于流动摊贩的人员组成多为城市中的弱势群体，基于教育背景、身体条件等原因，难以正常就业，生活缺少基本的保障。而流动摊贩的经营要求和经营成本相对较低，因此成为城市部分弱势人口的就业选择。

对于城市而言，首先，流动摊贩的存在释放了城市街区的活力。流动摊贩关乎商贩的生存活动与居民的生活活动，而城市公共空间中的生活和活动能带来许多社交需求，从而释放城市街区的活力。其次，流动摊贩的聚集形成了城市人性化的空间。由于流动摊贩具有集聚的特点，在同一城市公共空间中，往往集聚着不同经营种类的流动摊贩以满足居民多样化的需求。而这一聚集而成的城市空间有利于人们行走、站立、坐下、观看、倾听以及交谈❶，满足扬盖尔所提倡的城市"人性化维度"需求。另外，流动摊贩的存在还可能成为城市特色，有利于吸引游客，打造城市文化品牌。例如，由流动摊贩集聚而形成的著名的台北士林夜市、泰国恰图恰周末市场等。最后，流动摊贩的存在甚至能减少城市的治安犯罪。一方面，城市的失业率与犯罪率之间存在明显的正相关关系。流动摊贩解决了部分人群的生计问题，从而在一定程度上降低了城市的犯罪率。另一方面，夜晚的城市街道等公共空间因流动摊贩的存在而增加了人气，从而为独自夜归的人员带来了一定隐形保护。

（二）城市流动摊贩存在的问题分析

尽管城市流动摊贩对于城市居民、流动商贩以及整座城市都具有重要的意义，但不可否认流动摊贩的存在同时也导致了严重的问题，主要体现在以下三个方面。首先，城市流动摊贩容易挤占城市公共设施和资源。流动摊贩带来物理空间便利的

---

❶ 扬·盖尔. 人性化的城市［M］. 欧阳文，徐哲文，译. 北京：中国建筑工业出版社，2010：3.

同时，牺牲的是城市公共的设施和资源，从而导致占道经营、扰乱交通秩序等现象时有发生。

其次，城市流动摊贩的产品质量难以保证。流动摊贩售卖的产品，特别是食品，大多为三无产品，在价格实惠的同时，牺牲的是质量保障，在卫生安全方面存在较大的隐患。

最后，城市流动摊贩容易产生环境污染。环境污染一方面体现在对街道路面等城市公共资源的污染。部分流动商贩以及顾客的公共卫生意识较弱，容易随地丢弃垃圾，从而导致城市街道路面的污染。另一方面，流动摊贩所产生的噪声、烟雾等也对城市环境造成了一定的污染。

二、城市流动摊贩所显露的城市文化治理问题

文化是一座城市的灵魂，是城市竞争的软实力。城市文化治理的最终目的在于提高城市公共文化服务的社会化程度，从而在城市中形成民主、平等、互动的交流空间，使市民能够充分表达自身意愿，并在自我表现、自我服务中实现自我满足、自我提高、自我发展。先进的城市文化治理方式能够保留城市独特的精神，避免城市发展过程中的"千城一面"，促进城市综合竞争力全面发展。

城市流动摊贩是城市文化的一部分，对城市流动摊贩的治理，实际上也是对城市文化的治理。在国内早期对城市流动摊贩的管理中，基于其存在的问题，主管部门对其多采取全面否定的态度，直接取缔城市流动摊贩。但由于流动摊贩的流动性强，取缔难度大，加之治理观念的逐步改变，目前国内多数城市对流动摊贩的态度产生了由"堵"到"疏"的转变，这是城市文化治理中的一大进步。但目前，城市流动摊贩的治理现状仍暴露了城市文化治理过程中的诸多问题，主要体现在以下三个方面。

（一）治理主体单一，公众参与度不高

在国内，目前政府部门仍是治理城市流动摊贩的单一主体。政府是城市文化治

理的主体，但不应该是唯一的主体。上海交通大学的雷鸣教授认为，城市文化是市民在长期的生活过程中共同创造的、具有城市特点的文化模式，是城市生活环境、生活方式和生活习俗的总和。城市流动摊贩作为城市文化的组成部分，是由城市居民共同创造的，也理应由利益相关者进行共同治理。然而，目前国内对流动摊贩的治理多集中在政府部门，从监管、维护等方面都由政府部门负责与包揽，公众参与度不高，城市居民、社会组织等治理主体缺位。

（二）治理观念陈旧，缺少城市人文精神

虽然国内城市对流动摊贩的治理观念有所转变，但整体仍主要以"堵"为主，"疏"为辅。目前，在城市的发展中，为了塑造干净整洁、整齐划一的城市形象，同时鉴于城市流动摊贩存在的问题，多数城市治理主体认为流动摊贩只会给城市带来环境污染、扰乱交通秩序等负面影响，影响了市容市貌，从而对流动摊贩采取坚决取缔的态度，实在无法取缔的，才采取疏导行动。这种治理方式反映了治理主体治理观念的陈旧，忽视了流动摊贩对城市所具有的重要意义。陈旧的城市文化治理观念或许能带来城市的整齐划一，但却漠视了城市的人文精神。城市文化治理的最终目标是服务于市民，应该满足人性化维度。正如扬盖尔所认为的，如果城市空间"被隔离且空荡荡，那么什么都不会发生"[1]。这样的城市或许整齐划一，但缺少人文精神，这样的治理观念缺失了人性化的维度，整齐划一的城市背后是人性的冷漠。

（三）治理标准缺失，相关治理条例不完善

目前对城市流动摊贩的治理也反映了城市文化治理中治理标准缺失、相关治理条例不完善等问题。例如，在国务院颁发的《个体工商户管理条例》中规定："无固定经营场所摊贩的管理办法，由省、自治区、直辖市人民政府根据当地实际情况规定。"在2018年8月广州市城市管理委员会印发的《广州市流动商贩临时疏导区管理办法》中规定："街道办事处、镇人民政府城管部门具体负责流动商贩临时疏

---

[1] 扬·盖尔. 人性化的城市［M］. 欧阳文，徐哲文，译. 北京：中国建筑工业出版社，2010：22.

导区的日常服务管理。"这种规定一方面鼓励了因地制宜的治理方法，以求能够更精准地根据各城市的实际情况对城市流动摊贩进行治理；但另一方面，将治理标准层层下放到各级地方政府部门，也容易导致最终治理标准缺失的问题。同时，在各级政府出台的相关治理条例中，也存在不合理、不完善等问题。如许多城市要求拥有本地户籍的流动商贩才能办理经营许可证，这就导致许多外来人员只能进行非法无证经营。

三、城市街头流动摊贩的治理对策与建议

（一）完善治理主体，鼓励社会力量参与治理

城市流动摊贩是城市文化的一部分，城市文化的治理需要多方的参与。作为治理主体的政府应该起引导作用，鼓励城市居民、社会组织等社会力量作为治理主体参与到流动摊贩的治理中。首先，由于城市居民是流动摊贩的主要使用者，因此在政府制定相关的治理条例时，应为城市居民提供发表观点和建议的渠道，引导居民参与流动摊贩的相关治理程序。其次，引导成立第三方力量，沟通政府与流动商贩，舒缓政府治理压力，同时为流动商贩提供帮助。例如美国的"街头摊贩工程"公益组织，其一方面代表摊贩与政府部门就税收、治安等问题展开商讨，为流动摊贩争取权益；另一方面也帮助政府为流动商贩提供相应的技能职业等培训和相关法律咨询服务。另外，政府还可以通过购买等方式，引入民间专业的管理公司来进行城市流动摊贩的治理；同时，也可以允许流动商贩成立自己的自治组织来进行自治，维护自身的权益。总之，政府要早日实现从"管理者"向"服务者"的职能转变，只有这样，城市文化治理主体才能实现多元化，城市流动摊贩的才能得到多渠道、多元力量的参与治理。

（二）更新治理观念，打造人性化城市

为了适应高速的发展，当下很多城市都在进行着大尺度的扩张，而为了适应城

市的尺度，相应尺度的工具和建筑也应运而生。从汽车、高铁到飞机，以及为了节约土地而建造的高耸入云的建筑，钢筋水泥筑造的城市千城一面，同时也冰冷到失去了人间的气息。而在这种情况下，城市流动摊贩的出现，增加了步行活动作为一种交通形式的可能性，实现了对人的集聚作用，是适应人的尺度，从而在城市公共空间产生了更多的社交活动，守护了城市作为聚会场所和城市居民社交广场的传统功能，有利于打造人性化城市。而城市文化治理的最终目标就是为市民服务，打造人性化的城市。因此，在对城市流动摊贩的治理过程中，要更新治理观念，改变过去塑造整齐划一却缺少人文精神的城市的做法，正视城市流动摊贩在释放城市活力、增强城市人性化、打造城市品牌等方面的重要作用，从而真正实现对城市流动摊贩由堵到疏的治理。

（三）明确治理标准，完善相关治理条例

虽然城市流动摊贩对城市的发展有重要的意义，但其问题的严重性也是不言而喻的。因此，主管部门需要明确城市流动摊贩的治理标准，完善相关治理条例，包括治理的内容、治理的对象、治理的职能机构、相关的扶持政策和处罚力度等。在治理标准上，可结合我国的实际情况，参考国内外各城市对流动摊贩的治理案例进行确定。例如，结合我国城市的发展，在经营场所方面可参考韩国对城市街头流动摊贩的"分区式"治理，将经营场所分为三大区域，即"绝对禁止区域""相对禁止区域"和"诱导区域"，对不同区域实行不同的治理标准，从而规范流动摊贩的经营场所，解决其带来的扰乱交通秩序等问题。而在控制流动摊贩数量方面，可以参考香港的做法，如政府回收流动摊贩的经营许可证时会给予相应的补偿，如资金补偿或提供固定摊位等，以此来鼓励流动摊贩转变为固定摊贩。另外，香港为政府鉴定认可的流动摊贩颁发"优质产品标志"，一方面能为城市居民提供安全保障，另一方面也能激励流动摊贩提供优质服务。

第三篇
特色文创

姑苏地区园林艺术元素在文创产品设计中的应用研究
——以首饰设计为例

■ 广东工业大学艺术与设计学院　苏　亚　陆定邦

摘　要：文化创意产业是当今最具前瞻性的产业之一，国家对文化创意产业的发展也越来越重视，发展地域文化特色的文创产品，对传统文化进行创新设计，便成为设计界的热点话题。现今，姑苏地区文创商品发展萧条，文创产品同质化严重，文创产业链还不够完善。姑苏地区的文创产品需要注入新的创意，以推动文创产业的发展。本文通过访谈和调研挖掘出姑苏游客心中代表姑苏园林艺术的艺术元素，结合文化因子提取模型，筛选出最具代表性的文化因子，利用创意树分析法进行文化因子文化意涵的分析，并分析游客对姑苏地区文创产品的需求，将园林艺术元素应用于文创产品中。经过专家访谈和大众调研的方式对姑苏文创产品进行验证，探讨姑苏园林艺术元素在文创产品中的设计及应用。为文创产品的设计开发提供方法和建议，从而推动文化经济的发展。

关键词：园林文化艺术；创新设计；文创产品；设计方法

一、研究介绍

（一）研究背景

文化创意产业是当今最具前瞻性的产业之一，如今，国家各部门对文化创意产业的发展也越来越重视，意识到文化产业是新世纪国家软实力的象征。国务院在

《"十三五"旅游业发展规划》中提出：要扶持旅游与文化创意产品的开发。因此，发展具有地域文化特色的文创产品，对传统文化进行创新设计，也就成为设计界的热点话题。与此同时，对姑苏地区园林进行文创产品设计可提升姑苏园林文化产业的附加价值。文创产品的销售也将成为一条新文化经济路线，为姑苏地区带来文化、经济、旅游，甚至品牌的无限效益。

姑苏地区文创商品发展萧条，文创产品同质化严重，文创产业链还不够完善。文创产品还只是小规模的售卖，未形成品牌且文创商品没有代表性，其质量也让人堪忧。姑苏地区周边的文创产品需要注入新的创意、新的意涵来推动文创商品的发展。

当今，"80后""90后"和"00后"是文创产品消费的主力军，年轻人们正推动着文创市场的转型升级。他们对于文创产品（首饰）的需求不仅仅是产品好看，更重要的是文创商品要有一定的文化内涵。

（二）研究目的

通过挖掘并分析游客对姑苏地区文创产品的需求，提取并分析园林艺术元素，探讨姑苏园林艺术元素在文创产品中的设计及应用，总结归纳出一套文化创意产品设计的方法或思路。

二、文献探讨

（一）姑苏园林艺术元素在现代设计中的应用现状

姑苏园林是最生活的艺术，将园林艺术用于设计，融入人们的生活是每个人都极其期待的。近年来，文化创意产业在国家政策与市场的双重影响下迅速发展，部分博物馆和企业都纷纷试水，并相继推出一系列优秀的设计产品。姑苏园林艺术属于文化创意产业的范畴，部分设计师开始对姑苏园林艺术进行设计开发。

姑苏园林中灰瓦白墙的建筑，皱瘦透漏的太湖石，移步异景的花窗，变幻无穷的石子路……这些能够给创作带来很多灵感和创意，从这些元素中汲取养分创作出新的作品。也可以从姑苏文化中的图形语言入手进行设计，将园林的文化元素分类提取，借助文化创意产品设计的原则与方法，把民俗特有文化转化成图形并应用于产品设计中，实现区域文化价值。

(二) 姑苏地区文创产品的发展现状

在姑苏园林的现有文创产品中，设计师们大都采用将园林中的相关元素进行1+1叠加的方法，对现代产品进行再设计，从而实现商品的增值。目前姑苏园林艺术的文创产品有 3D 拼图玩具、文具产品、冰箱贴、明信片、手机支架等（见图3-1）。这些产品都没能将园林艺术的内涵表达出来，需要对园林艺术的文化内涵进行分析、探讨，找到园林艺术与现代设计的结合点，再进行创新设计。

图 3-1 姑苏地区现有文创产品设计

(三) 文创产品——首饰设计的发展趋势

随着科技的进步，首饰产品不再只是一个饰品，设计师们开始在首饰中加入趣味性娱乐功能、引入人工智能、创新健康监测功能等，使其功能得到空前的扩展，体现出功能多元化趋势。

在首饰材质上，不再拘泥于传统的材料。新型材料层出不穷，塑料、布、皮革、金属、纸张等有机材料和无机材料出现在首饰之中，赋予首饰设计更多的灵感，使首饰产品具有更丰富的内涵和表现力。根据不同材质对首饰进行创新设计，可以获得更多的材质变化节奏和层次美感，从而激发人们对首饰的青睐。

不同首饰产品所选材料不一样，加工工艺也就不一样，随着首饰产品材料的多样化发展趋势，首饰产品设计的加工工艺也趋于多元化发展。

人们对于首饰消费趋于理性，既注重首饰的保值能力，也注重工艺和造型等视觉效果，开始转向以审美追求为主的多元化消费，呈现出良性的、理性的消费观念。如今的"80后""90后"和"00后"已经逐渐成为首饰消费的主力军，年轻人正推动着首饰市场的转型升级。快时尚以多变的风格、新颖的设计创意以及相对低廉的价格被年轻人追捧，潮流的快时尚首饰设计极具市场潜力。

首饰设计的多元化发展，是市场发展的必然趋势。首饰产品的发展不仅要满足目前的市场需求、功能需求等，还要丰富其深层的内涵意义，以满足人们对于首饰产品在精神上的满足。为了让首饰设计有长远的发展，首饰产品的内涵意义将成为决定首饰发展的关键因素，因此对首饰产品的意涵进行创意设计将是首饰设计的发展方向。

三、研究方法与过程

（一）用户访谈

1. 制定访谈大纲

用户对姑苏园林的认知（园林元素、色彩等）；用户心中最具有园林代表性的园林艺术元素；用户购买文创产品的习惯，佩戴首饰的习惯；用户对于文创类首饰的期望。

2. 确定访谈对象

对于姑苏地区园林艺术元素在文创产品中的应用研究这一课题，将访谈对象确定为：去过姑苏园林且有购买相关文创产品的10名游客。

访谈了解10名游客对于姑苏园林的认知及他们心中印象最深、最具代表性的园林元素，并且获得了游客对于文创产品的期望，总结访谈结论并结合文献，确定游客心中认为的具有代表性的园林艺术元素有花窗、小路、流水、寓意、植物、建筑、山石等。了解用户穿戴首饰的习惯及用户购买首饰的行为动机。

（二）调查问卷设计与发放

针对用户访谈反馈的心中印象最深、最具代表性的园林艺术元素花窗、小路、流水、寓意、植物、建筑、山石等进行问卷设计，通过网络问卷的形式进行定量研究，从而确定园林艺术中最受欢迎、最具代表性的园林艺术元素。

通过问卷调查了解目标用户对于园林元素首饰的喜好程度，及用户穿戴首饰的习惯，从而确定园林艺术首饰产品的设计目标。

问卷分为用户基本信息、用户对园林的认知及用户对于园林首饰产品的需求三部分，共回收有效问卷 50 份。

根据收回的 50 份有效问卷可知，42% 的用户对园林的印象是富有自然之趣；34% 的用户对园林的印象是静谧舒适（见图 3-2）。

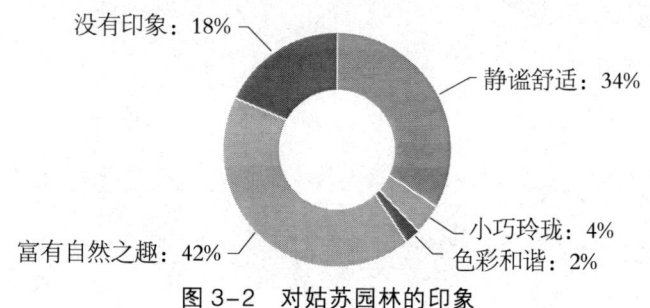

图 3-2 对姑苏园林的印象

由问卷知，园林艺术元素具有较强吸引力的是花窗，其次是建筑（见表 3-1）。

表 3-1 姑苏园林艺术元素吸引力排行

选项	小计（份）	比例
花窗（窗户、窗框等）	36	72%
建筑（房屋、亭子等）	31	62%
路径（小路、过道等）	30	60%
山石（假山等）	25	50%
植物（树木、花草等）	23	46%
水体（水塘、流水等）	19	38%
门洞	14	28%
诗词歌赋	14	28%

由问卷知，用户心中最具园林代表性的园林元素是建筑和花窗（见表3-2）。

表3-2　姑苏园林艺术元素在用户心中具有园林代表性排行

选项	小计（份）	比例
建筑（房屋、亭子等）	19	38%
花窗（窗户、窗框等）	10	20%
山石（假山等）	6	12%
路径（小路、过道等）	4	8%
水体（水塘、流水等）	3	6%
门洞	3	6%
诗词歌赋	3	6%
植物（树木、花草等）	2	4%

由问卷知，50%的用户购买过文创类首饰，50%以上的用户对耳饰、手链表现出强烈的喜欢（见图3-3）。

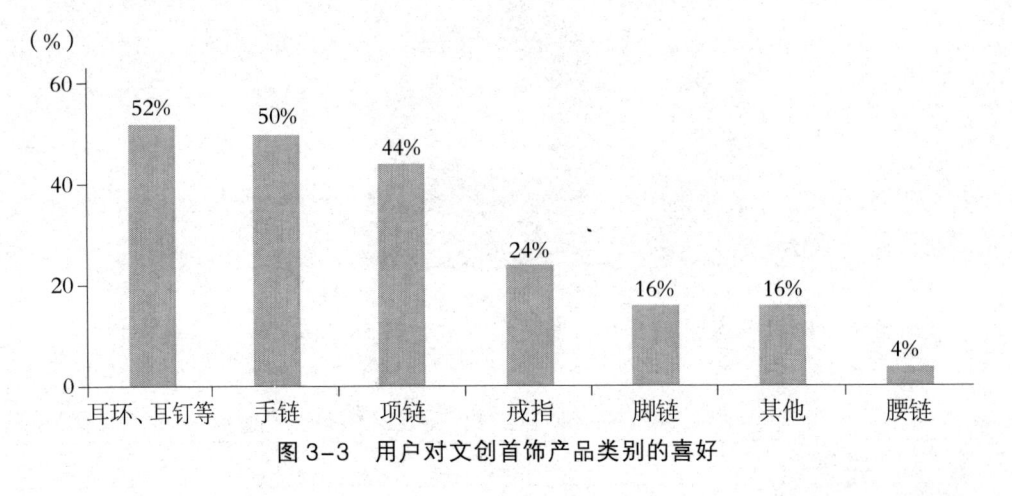

图3-3　用户对文创首饰产品类别的喜好

由问卷知，72%的用户基于感性购买首饰，28%的用户购买首饰具有规律性，10%的用户购买频率较高（见图3-4）。

图 3-4　用户购买首饰的频率

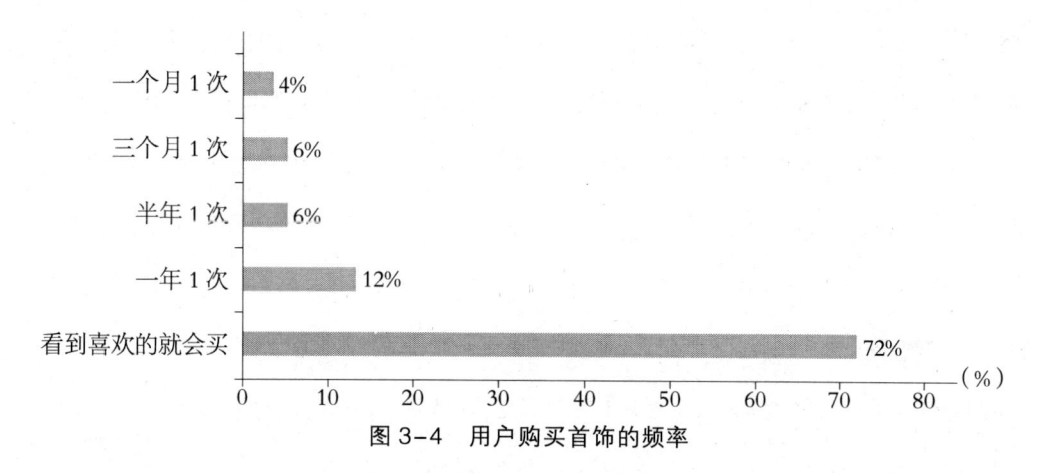

问卷显示，76%的用户基于首饰的外观购买首饰，60%的用户购买首饰会关注首饰的材质，58%的用户购买首饰会关注首饰的意涵含义，仅32%的用户会关注首饰是否保值（图 3-5）。

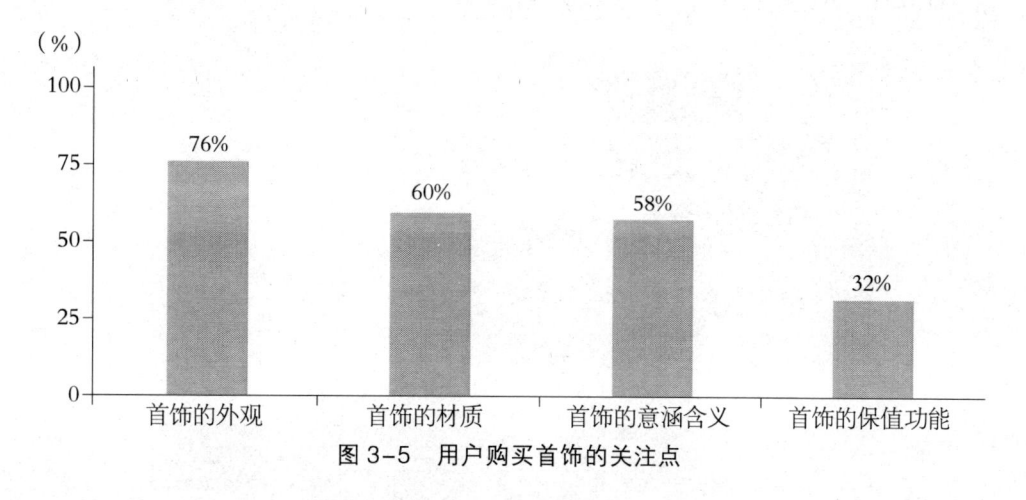

图 3-5　用户购买首饰的关注点

（三）姑苏文创产品（首饰）设计的需求分析

用户购买文创首饰产品，大多基于感性认知，主要关注首饰产品的外观、寓意、材质，并且对于产品的意涵关注越来越多，少部分用户会关注首饰产品是否保值。用户在购买首饰产品时，主要会选择首饰产品中的耳饰（耳环、耳钉），手链等。

（四）结合文化因子提取模型提取关键文化因子

文化因子提取方法模型是针对传统文化本身，从色彩、图案、造型三个方面进行分析提取，然后对提取出的文化因子进行重构，这是一种先分解再整合的过程（见图3-6）。也是基于形态感知分析的文化因子提取，采用先整合再分解的逆向思路，从感知分析和特征分析两个方面进行文化因子的挖掘。感知分析阶段，通过构建感知评价表，由特定人群进行感性评价，获得形态风格描述语汇；特征分析阶段，从视觉化和内涵两个角度，依据形态风格语汇对形态特征进行分析，利用特征权重分析获得对形态风格描述语汇影响较大的特征，从而达到提取文化因子的目的，最后提取到相应的文化因子。文化因子提取方法模型是一种基于感性和理性的文化因子提取方法，对于园林艺术元素的提取具有指导性作用。

基于文化因子提取方法模型对姑苏园林艺术元素的提取：花窗是姑苏园林艺术中最具代表性的文化因子，其次是建筑、小路、流水等。海棠窗和曲线纹是花窗元素中最具代表性的纹样因子，其次是圆窗和直线纹。

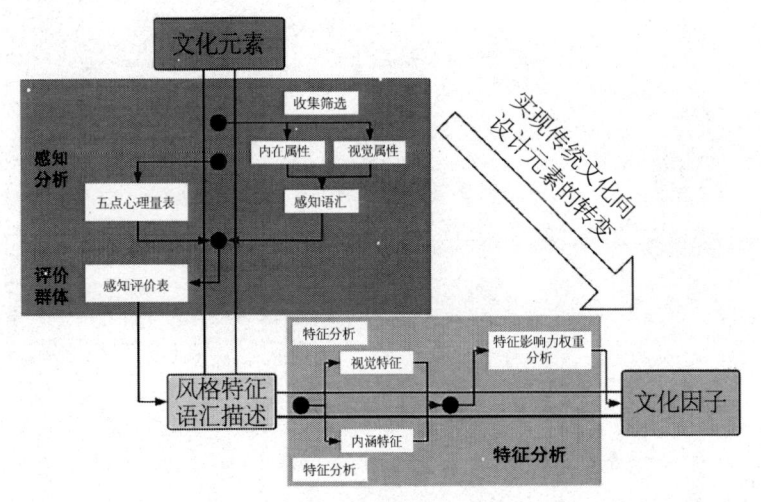

图3-6　基于感知分析的传统文化设计因子提取模型

（五）设计方法——创意树

"创意树"是一种以"文本为基、文化为引、文义为体、文创为用"，兼顾文本、造型与命名的创作方法。创意树分析法可以刺激设计师的设计思维，激发灵感、创新设计。

梅花装饰纹样，象征品格坚贞，傲骨寒霜，在严酷的环境考验中依然保持自身的高洁。冰裂纹,由于冰有着纯净无垢的外貌和特质,往往令人体会到清爽和清凉的感受。将梅花纹和冰裂纹相结合,进行创意树分析(见图3-7)。

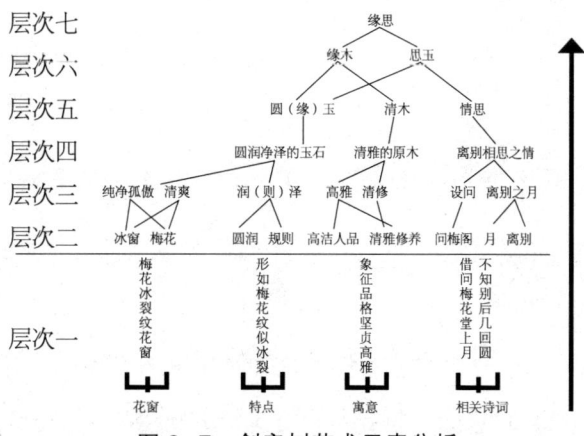

图 3-7　创意树艺术元素分析

经过创意树分析,推出耳饰设计的名称。结合创意树的推导过程,进行首饰产品的材质选择,加工工艺的创新设计,以及首饰产品的文化意涵分析。推出姑苏地区园林艺术的首饰设计——缘·思耳饰设计(见图3-8)。

图 3-8　缘·思耳饰设计

将市面上的首饰产品和缘·思耳饰对比,通过专家和游客对其进行判定,63.33%的人认为缘·思耳饰设计具有姑苏园林艺术,属于姑苏文创产品(见图3-9)。

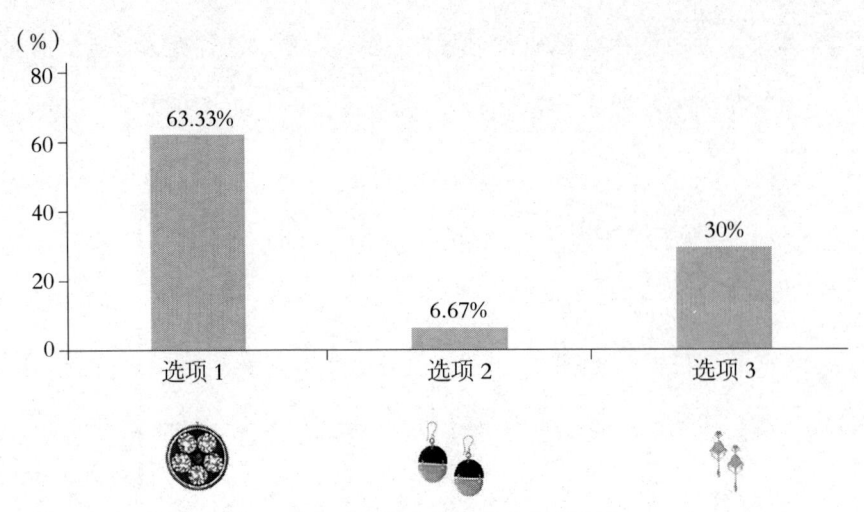

图 3-9　用户对园林文创首饰产品的判定

通过调研可知，63.33％的人依据缘·思耳饰的外观、53.33％的人依据缘·思耳饰的意涵判定其为姑苏地区园林文创产品（见图 3-10）。

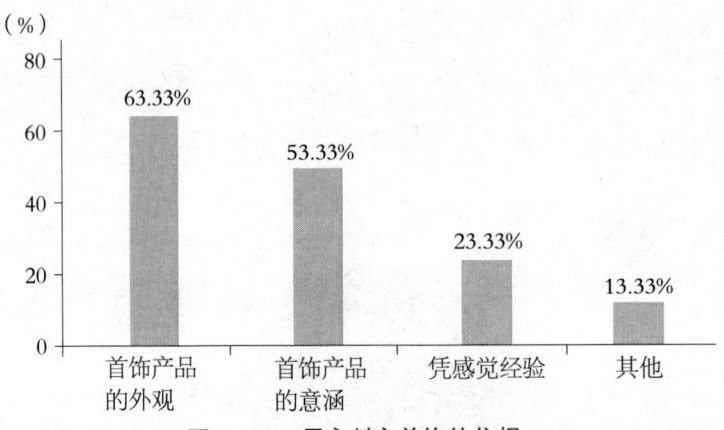

图 3-10　用户判定首饰的依据

调研数据显示，有 90％的人认为缘·思耳饰参考了园林艺术中的花窗纹样，60％的人认为缘·思耳饰参考了园林艺术中的文化意涵，43.33％的人认为缘·思耳饰参考了园林艺术中的山石水体，40％的人认为缘·思耳饰参考了园林艺术中的色彩意境（见图 3-11）。

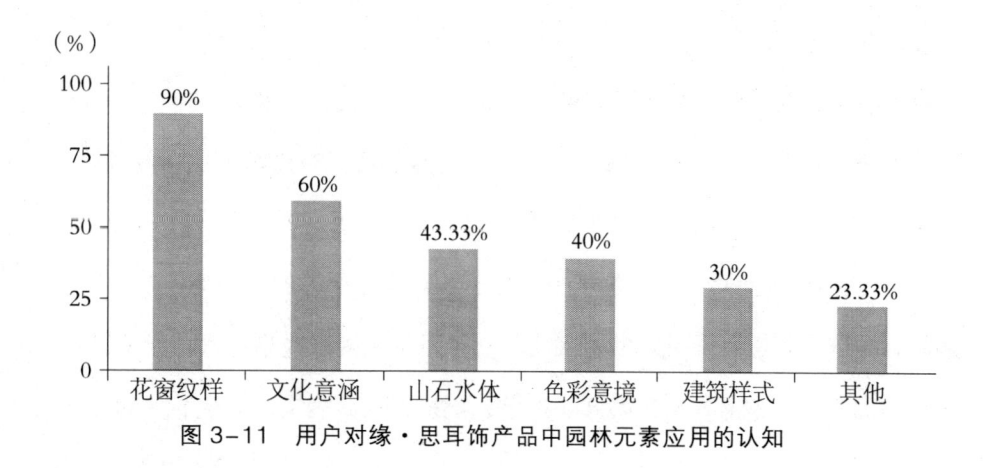

图 3-11 用户对缘·思耳饰产品中园林元素应用的认知

由问卷调研可知，76.66%的人认为缘·思耳饰可以体现姑苏地区园林艺术特点（见图 3-12）。

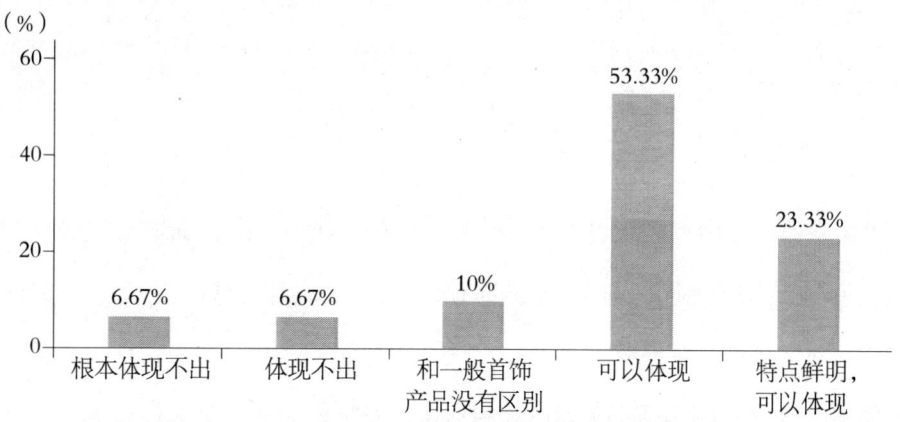

图 3-12 缘·思耳饰产品能否体现姑苏园林艺术的占比

四、总结和展望

（一）研究结论

基于访谈、问卷调研和国内文创产品的发展现状，地域性文创产品将会有更广阔的市场。目前前往姑苏地区旅行的用户对于旅游文创产品的要求更高，将姑苏园林艺术元素的文化意涵应用到首饰设计或其他产品中，是姑苏地区文创产品的未来发展方向，文创产品设计（首饰）应更加关注产品的文化意涵。

根据本研究，对于文化创意产品设计：

（1）需要详细了解该文化并了解关注此文化相关人的需求；

（2）访谈和调研我们的目标对象，确定我们的目标对象对该文化的理解认知和对文创产品的需求，从而确定文化创意产品的大致方向；

（3）对文化元素的提取，需要注意的是：要确保所提取的元素具有文化或艺术代表性，提取代表性元素可以借鉴文化因子（元素）提取模型或其他方法进行提取，对提取到的文化元素需要反复筛选、推敲、验证，然后确定最具代表性的文化元素；

（4）对最具代表性的文化元素进行分析，可以从文化元素的表象和内在意涵两个方面进行分析，使用创意树分析法，将元素的表象和文化意涵相结合；再进行文化创意产品设计。

以上方法步骤即为此研究为后者研究、设计文化创意产品提供的思路，可供后者借鉴参考。

（二）未来展望

在未来的研究中，需要扩大用户的调查范围，进一步确保研究的准确性。本研究是基于用户感知与需求提出了姑苏园林艺术元素文创产品的设计方法，后续将会用此方法对文创产品中的其他类别进行设计，进而验证方法的通用性，并且还需要在其他地区进行验证，将此文创设计的思路、方法变成一种具有参考价值的文化创意产品设计方法。

镬耳墙在现代产品设计中的应用

■ 广东工业大学艺术与设计学院　吴培思　吴启华

摘　要：镬耳墙，又称锅耳墙，是位于屋顶两端的横向外墙，是中国古代社会后期出现于岭南一带的民居特色建筑构件之一，其目的是分隔相邻两栋建筑，并起到防火的作用。作为一种具有岭南特色的传统建筑元素，浓郁的地域特色使其成为地方文化符号。本文以"镬耳墙"为研究对象，从"镬耳墙"的概念及历史演变出发，对"镬耳墙"起源、发展的过程进行梳理，充分提取"镬耳墙"文化的发展精髓，探究传统"镬耳墙"文化与现代设计更加精妙的融合方式，为岭南传统文化的继承与传播方式挖掘更多种的可能。以"镬耳墙"的历史起源为切入点，采取横、纵向的双向研究法进行研究。从"镬耳墙"中提取能够为现代产品设计所运用的元素，对其进行抽象和变形，并将其应用于现代的家具产品设计。

关键词：镬耳墙；镬耳墙文化；产品设计；家具产品设计

在当今法律、经济、政治、科技都在多轨道迅猛发展的新时代背景下，如何传承文化生命力与产品创造力更是一个值得思考的问题，消费者期待更多具有丰富文化内涵以及更加多元的产品形式出现。由此，本文选取岭南民居特色建筑构件之一的镬耳墙为研究对象，从镬耳墙的概念及历史演变出发分析其作用种类，从而进一步探究镬耳墙在传统文化中的寓意，并进一步探究镬耳墙文化与现代设计的融合之道，随之进行了镬耳墙文化产品的应用实践。

一、镬耳墙的历史渊源

(一)镬耳墙的起源

山墙指建筑两个侧面上部成山尖形的外横墙,它在中国古建筑中承担着至关重要的作用。随着文化的繁荣发展,山墙逐渐被赋予了宗教、封建的色彩,山墙的形制逐渐发展,不仅造型多变,而且作为古代建筑文化的象征之一,肩负了很多等级礼制的责任,因此从山墙本身形象的改变,我们不难看出其中默默传递的历史变迁和文化积淀。山墙主要有三种形制,第一种是人字形,不仅简洁实用且建造成本并不高昂,一般都为民间百姓所采用。第二种是锅耳形,线条流畅优美,各个形式变换丰富,民间俗称镬耳墙。镬耳墙主要应用在宗庙祠堂之中,当然也有部分民间住宅使用这种形制,其广泛分布于岭南一带。三是波浪形,又称"桃弯规",造型起伏有致,多在三级左右,十分讲究对称。三种形制根据地域和建筑规模分布在我国各处,在一些规模较为宏大的建筑群中,人字形山墙、锅耳形山墙以及波浪形山墙也会一起出现在群落里,交相辉映,尤显风姿。

1977年,在今天安徽省歙县境内出土了一块刻有《徽郡太守何君德政碑记》的明代正德年间的石碑,该碑文详细记载了徽州太守何歆的治火功绩,可以说是研究山墙起源的最原始依据之一。

何歆,广东博罗人,字子敬,弘治七年(1494)被授南京山东道监察御史一职,弘治十六年(1503)出任徽州知府。徽郡城中土地少而民众多,民居建筑分布如鱼鳞般密集,屋舍之间甚少空隙,火灾一旦发生就会牵连焚烧数十家甚至百千家。当地百姓长期承受着这种灾难,生活苦不堪言。

前任知府也曾想攻克火灾难题,曾经听信风水先生所言,认为徽郡衙门厅堂以及正门都面向南,而南边属火,所以当地才会经常遭受火患,于是下令将府衙的正门封堵住,在仪门的左边另外开设一门以供出入,但火患相比以前并没有减少。何歆赴任后,经过实地察看,便一针见血叹曰:"民居稠矣,无墙垣以备火患,何怪乎千百人家不顷刻而煨烬也哉！郡治正门固无与也。"之后为了改善这种困境，他不但重新开启了原先的正门进出，封了左边的那道门，还进一步指出："吾观燔空之势，未有能越墙为患者。降灾在天，防患在人，治墙其上策也。"制定了"五家为伍，甓以高垣"的治火之策，其效果十分显著，火灾发生率开始大幅度降低。至此，山墙逐渐开始流行起来。

（二）镬耳墙的演变

由于中国幅员辽阔，地域地形复杂多样，各地的气候变化万千，再加上人文、宗教礼制等各式传统文化的深刻影响，因此传统的山墙在各地流行和运用的形式存在很多的差异。

随着生产成本下降和山墙卓越的功效显著，山墙迅速在全国盛行起来，并受到地方的影响而造型变化多变，在我国的南方尤其是岭南一带更是自成一派，对后世影响深远。作为中华文化的重要分支，岭南文化在漫长的历史长河中，融汇了博大的中原文化和淳朴的地方文化，并结合岭南一带特有的气候条件和生产技术，逐渐形成了极具地方性特色的岭南民居，岭南民居中常见的山墙形式主要有小型民居使用的人字形山墙、大型民居用的镬耳山墙以及部分大型民居或祠堂常用的三拱山墙、方耳山墙等。

镬耳墙是一种呈抛物线形的山墙，山墙尖部为半圆形，形似烹饪大锅的双耳，故名"镬耳墙"。对于镬耳墙这种特殊的抛物线形态的由来可以说是天地人三者之间的完美结合的最佳例证。

1. 水文化

岭南地处珠江三角洲，地形以平原和丘陵为主，位置临近海洋，为当地的百姓提供了充足而丰富的水资源。正所谓靠山吃山、靠水吃水，对岭南人民来说，水是历史、资源和财富，虽然发达的水资源为岭南人民带来了运输、渔猎和贸易之便，但同时珠江流域频繁的雨季也带来了诸多水灾祸患，导致百姓们损失大量财产、流离失所。因此，千百年来岭南在享受发达水系带来丰厚资源的同时也积累了不少的抗洪避水的经验，形成了许多崇水、避水的风俗。当山墙流传到岭南一带的时候，当地的能工巧匠巧妙结合了岭南的地域特色构造出形似海浪的镬耳山墙，可谓是岭南海洋文化崇水亲水性特点的鲜明体现，同时形似海浪的镬耳山墙高高矗立在墙头也蕴含了岭南人民"以水克火"的五行风俗。

2. 图腾的崇拜

图腾崇拜是社会初级阶段的一种最早的宗教信仰。原始时期，先民慑于自然的淫威常萌生自然崇拜和图腾崇拜的观念，图腾被视为氏族的先祖、原始部落的保护神。

自古以来，中国就是个崇拜龙的民族，龙是中华民族发祥和文化开端的象征，岭南地区十分重视正月舞龙、五月初五赛龙舟等传统习俗，而且珠江流域的古代先民们以水为生，必然会对鱼类产生尊崇敬畏进而转化为图腾崇拜，但在古代只有皇亲贵族等才有资格使用龙图腾。而相传古代有龙头鱼身之兽名曰"螭吻"，又唤鳌鱼（见图3-13）、鳌龙，乃龙生九子之一，镇水之物，其性好吞火，有驱凶辟邪的作用，因而岭南人民在修建山墙时采用鳌鱼的形象，希望能借助鳌鱼来避火免灾，表达了百姓对美好生活的向往。在粤语方言里，鳌鱼发音近似镬耳，久而久之就形成了镬耳墙这一说。

图 3-13 祠堂中不同鳌鱼的形象

3. 五行说

镬耳墙的造型设计发展还曾受到阴阳五行学说的深刻影响。岭南地处南方，南处丙丁，属火，根据五行相生相克理论所述：金生水、水克火，所以镬耳山墙特意选取金，以金镇火。同时，绝大部分的镬耳墙都会刷成黑色，黑色在五行中属水，蕴含了镇压南方火邪的祈盼（见图 3-14）。

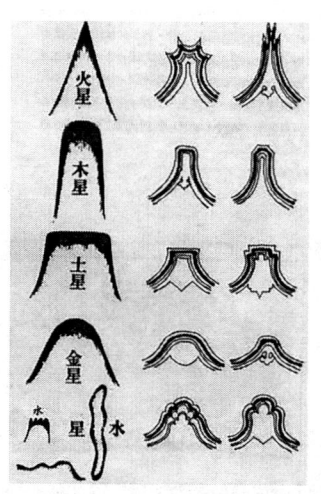

图 3-14　风水中建筑与五形的对应关系

二、镬耳墙的功能

镬耳墙可谓古代劳动人民的智能结晶，其形制适配功能而成，一般而言，镬耳墙的功用大致分为防火、防风、遮阳以及装饰四个方面。

（一）防火功能

山墙的出现，是为了顺应当地高密度的木结构民居遇到火灾极易延烧成片才采取的一种防火措施，但后来逐渐演化成一种建筑趋势，即便单独建房也会修建山墙。岭南沿海地区民居由于用地紧张，房屋鳞次栉比，再加上岭南有种植农作物的习惯，秋收时分焚烧废渣时极易造成火灾，因此高耸的镬耳墙能有效阻隔火势蔓延。

（二）防风功能

岭南地处北回归线以南，主要是亚热带季风气候，雨量充沛、台风暴雨频繁。这使得岭南民居的所有活动场所都必须尽量抗风抗压，每当台风肆虐，高耸的镬耳墙能阻挡大部分的台风，有效减弱风暴威力，对提高建筑物的防风能力有很大的作用。相关数据显示，就 4 ~ 5 级的台风而言，耸立的镬耳墙能使风力减弱 80% 左右。

（三）遮阳功能

典型的亚热带季风气候使得岭南地区日照丰富、夏长无冬、气温和温差振幅较小，为了使民居建筑更加凉爽，镬耳墙就不可避免地盛行起来，高耸的镬耳墙能遮挡绝大部分的日光，减少房屋内的燥热感，保持房内凉爽，对小范围内的环境具有一定的调节作用。

（四）装饰功能

形态丰富多变的镬耳墙设计优美，檐角高耸，且层层叠叠地排列开来，颇有仙风道骨之气。历史悠久的镬耳墙是天地人结合的完美范例，不管从形式还是功能上来讲，它都传递了大量的文化信息，蕴含丰富的建筑含义，同时富有各种寓意的镬耳墙也是符号学理论运用的鲜活例证。镬耳墙不但鲜明地体现了岭南的地域文化特色，更是地域建筑的一颗璀璨明珠。

三、镬耳墙的文化隐喻

作为岭南建筑中一道靓丽的风景线，镬耳墙发展至今其文化隐喻早已超脱形制功能之外，体现出岭南人千年来独特的生活美学和文化隐喻，具体论之，镬耳墙的文化隐喻可以从以下几方面进行解码。

（一）地位的彰显

建筑不仅仅是代表权利的符号，同时也是象征地位的特殊标记。据史料记载，最初修建镬耳墙时必须严格遵循祠规、族谱所拟定的标准。有功名、有官位、有名望的家族才能依照品级高低、财富多寡建立高低不一的镬耳墙，官职越高，财势越大，镬耳越大。依清朝建房的有关规定，要有四品或四品以上官职的人才准建镬耳墙，普通民居不得使用，深刻体现了封建社会下等级制度分明。此外，选材与制造也是镬耳墙的一大特色，其所用材料极其讲究，而且造工精细。如镬耳屋所用的青砖，以手工制作的水磨青砖为上乘，往往只有大富大贵之家能够负担得起。又如屋两边的镬耳，其结构从檐口至顶端用两排瓦筒压顶并用灰塑封固，处理收口的工艺非能工巧匠不可为，是整座建筑工程难度最大、造价最高的地方，故后人增添出"手抓镬头耳，有得蒸来有得炒，衣食丰足无牵挂"的含义，虽然后来废除了旧政，非官人家也可以建造镬耳墙，但依然只有大户人家才能承担，因此在百姓心中，镬耳墙就是权势与富贵的象征。

镬耳墙采用九龙子之一的鳌龙塑形，巧妙避开了僭越皇权的风险，同时彰显出房屋主人的尊贵和亲水崇水的特点，由此可见，镬耳墙在符号学中是一种地位的象征。

（二）心灵的慰藉

镬耳墙又名鳌鱼墙，其独特形象深植百姓心中，鳌有着"独占鳌头""鱼跃龙门"等隐性含义，表达了祖先对后代子孙的殷切祈盼，借由镬耳墙祈求子孙读大书行好运，希望后代能读书做官。可以说镬耳墙的存在代表了岭南人民对子孙后代耕读传家、光宗耀祖的心理激励，充分彰显了岭南民间历来重视文运、好读书的民风。

四、镬耳墙文化在现代设计作品中的发展与应用

镬耳墙注重实用性和设计审美的统一，发展至今已成为岭南传统文化的杰出代表性建筑，如今，这种极具地域特色的建筑不仅仅见于岭南传统民居当中，同时由于设计师们对传统文化的嗅觉日益敏锐，镬耳墙更是在现代设计中大放异彩。

如图 3-15 所示是岭南八大园公共空间设计，八大园建筑设计汇聚了众多岭南文化的园林建筑群，尊重、提炼岭南文化特质，并结合现状环境要素，对建筑与园林的创新性和溯源性等进行逐一回应，旨在打造一个具有创意的、体现"百粤精粹，

岭南风情"的群众文化活动空间。

图 3-15　八大园东区主入口

镬耳墙元素在平面设计中也有诸多的应用，如图 3-16 所示的海报和相关字体设计。

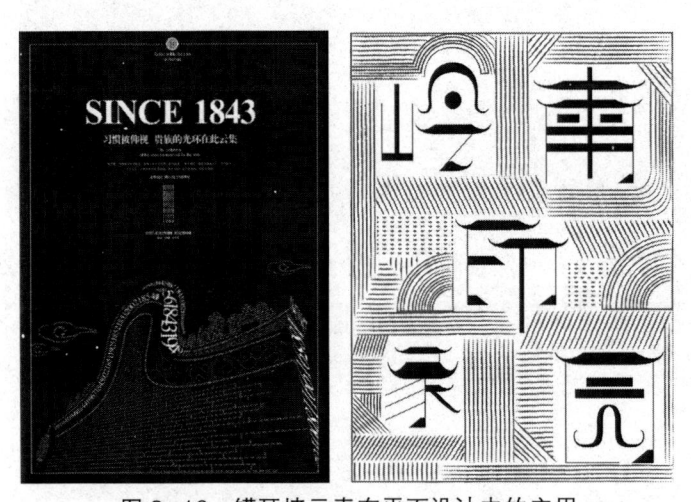

图 3-16　镬耳墙元素在平面设计中的应用

五、基于镬耳墙文化的产品设计实践

在对镬耳墙文化发展和应用的考察过程中发现，镬耳墙元素的应用更多的还是在建筑设计和平面设计中，对镬耳墙元素的进行提取和深化的现代产品设计较少，以文具为多，因此将目光转向现代家具领域，认为家具的现代属性和传统文化传播的思想有较高的融合度，现代家具的受众无论是年轻人还是中年人，对于传统文化的关注都在日益提升。

以家具为载体，融合传统镬耳墙元素设计出一款现代家具产品"镬椅"（见图3-17）。

图 3-17　镬椅

六、结语

一开始，镬耳墙的出现仅仅是因为功用，但随着历史变迁，人们将对生活的美好愿景融入镬耳墙中，镬耳墙这一天地人完美融合的产物以其优美的弧形制和丰富的内涵寓意，当之无愧地成为岭南文化的杰出代表。

正所谓"艺术源于生活"，镬耳墙讲究地理风水，以风俗观念为思想依据，同时结合了科学的规划布局，它是岭南文化的瑰宝。本文通过对镬耳墙\起源、发展及应用领域的系列梳理，充分提取了镬耳墙文化的发展精髓，结合现代设计手法\，探索适合镬耳墙文化的应用领域，为深入研究镬耳墙文化内涵及在现代设计中的应用提供了参考。

文旅融合视阈下高校博物馆文创产品开发的价值及策略

■ 北京航空航天大学人文与社会科学高等研究院　张普彪

摘　要： 随着文化部门和旅游部门合并改革的完成，文旅融合成为社会广泛关注的问题，这也为高校博物馆进行文创产品开发提供了契机。高校博物馆凭借其与生俱来的优势，在文创产品开发方面占据着有利地位。但是我国高校博物馆文创产品开发的现状并不乐观，本文通过发现其存在的问题与不足，在对高校博物馆文创开发的内在价值分析之基础上，进而提出推动其文创产品开发的初步对策。

关键词： 文旅融合；高校博物馆；文创产品开发

文化是旅游的内在灵魂，旅游是文化的重要载体。2009年，文化部与国家旅游局发布的《关于促进文化与旅游结合发展的指导意见》就明确指出，文化的生产、传播和消费与旅游活动密切相关，文化与旅游的融合早已成为推动社会经济发展的内生动力。随着国家推动大部制改革，文旅融合进入了一个全新的发展阶段，文化与旅游更深度的融合满足了人们对美好精神文化生活的向往与追求。高校博物馆作为提供公共文化服务的重要机构，理所应当积极投身于文旅融合的探索与实践。[1] 高校博物馆在实现文旅融合方面，有着其他机构不可比拟的优势，每年寒暑假及节假日都会有大批量的游客到高校参观旅游。高校博物馆作为高校的文化名片和窗口，更应该成为文旅融合的前沿阵地和有效载体，文创产品开发就是高校博物馆参与文

---

[1] 金铁龙. 文旅融合背景下公共图书馆中小学生研学服务探索[J]. 图书馆，2019（8）：95-98.

旅融合有力的突破口之一。

一、高校博物馆文创产品开发的现状

(一)高校博物馆文创产品开发具有广阔前景

文化创意产品已经成为当下人们的"热点"话题,它们凭借产品自身所带有的文化价值、创新理念等,逐渐受到更多消费者的追捧和青睐。首届文化消费交流研讨会上就指出:"文化产业和文化消费呈现出供需两翼齐飞的局面,正逐渐成为驱动地区经济发展方式转型的重要力量。"中国旅游研究院、上海创图公共文化和休闲联合实验室合作对我国2019年上半年的文化消费情况进行调研,并发布了《2019上半年全国文化消费数据报告》。研究认为:"文化消费已经成为国民消费升级的重要标志,是人们对美好生活向往的重要支撑,其中有51.87%的受访者表示文化消费能够提高人们的生活质量和幸福感,文化产品是人们的生活必需品之一。"[1]2017—2019年,我国博物馆文创产品的规模扩充了三倍之多,这也表明高校博物馆文创产品有着良好的市场前景和消费群体。

(二)当前高校博物馆文创产品开发存在的问题

高校博物馆在文化传承、文化服务、文化创新中有着深厚的内涵与丰富的资源,在文创产品开发方面有着与生俱来的独特优势,因此更应该在文创产品上"下功夫、做文章"。然而现实情况却截然相反,高校博物馆似乎没有把发展目光定位在文创产品这一消费热点上面,除个别首都高校博物馆(如清华大学艺术馆),其余绝大部分高校博物馆对文创产品研发缺乏重视,具体表现在以下几个方面。

一是文创产品购买渠道缺乏。人们对高校博物馆公共文化服务的内容不仅仅停留在展览参观、教育普及层面,越来越多的参观者在观看展览之后有购买文创产品

---

[1] 中国旅游研究院.2019上半年全国文化消费数据报告[EB/OL].(2019-08-10)[2020-02-10].http://www.199it.com/archives/921365.html.

的偏好和期望，文创产品已经成为一种新的消费热点。在国外，基本上每家博物馆都有自己的文创产品商店，而国内拥有文创产品商店的高校博物馆却寥寥无几。随着"互联网+"的发展，更是有一些博物馆已经开通了网络销售渠道，例如官网直销、专营旗舰店、网络淘宝店等，从而供消费者进行选择和购买自己喜欢的文创产品。在这些方面，高校博物馆有着明显的滞后性。

二是文创产品形式单一、同质。文创产品延伸不足、文创附加产品较少是高校博物馆文创产品最为突出的问题。现阶段，高校博物馆的文创产品多以一些传统的、简单的纪念品为主，例如明信片、文具用品、纪念画册等，并且每个高校博物馆的文创产品同质化现象严重，没有形成具有自身文化特色的文创产品。在国外，许多博物馆已经有一套完整的文创产品研发的运营理念。例如，英国大英博物馆会从展览中选出具有的代表性的藏品对其进行一条龙式的研发，向观众提供不同类型的文创产品，如藏品复制品、文化创意服饰、创意家居、生活配件等。

三是文创产品开发创新能力薄弱。高校博物馆市场化经营探索意识和能力不足，它们往往没有专门负责文创产品开发的部门。在国外的博物馆，文创产品收入已经成为它们运营管理经费的主要来源和手段，因此它们越来越注重文创产业的设计与研发、用户需求、销售等，一些博物馆还设立文创产品开发和市场部门，专门负责本博物馆的文创产品设计和销售。[1]这些现象也从侧面反映出我国高校博物馆文创产品开发的创新能力薄弱。

二、高校博物馆文创产品开发的内在价值

高校博物馆作为一个"文化场"，不仅具有收藏、保护、教育、研究、传播和服务的职能，更是成为人们文化记忆与精神空间的载体，高校博物馆所具有的内在价值是文创产品开发的不竭源泉和永生动力。[2]高校博物馆文创产品开发的内在价值，

---

[1] 贺湘.南京市博物总馆文创产品开发路径研究[J].文化产业研究，2019（1）：128-136.
[2] 蔡劲松.大学博物馆的当代转型[M].北京.民族出版社，2014：33.

主要包括以下几个方面。

其一,文化价值。高校博物馆往往具有数量丰富、种类齐全、颇具特色的藏品,比如清华大学艺术馆藏品数量多达一万三千余件,馆内藏品种类之丰富也超乎我们的想象,其中包括书画、瓷器、青铜器、雕塑等,在这些藏品中也不乏齐白石、徐悲鸿等大家之作;再如中国地质大学逸夫博物馆内各类地质标本多达三万余件,其中自然界罕见的珍品就有将近二千件,如黑龙江东北龙、和平永川龙、鹦鹉嘴龙等恐龙骨架化石,以及众多珍贵的矿物、宝玉石、化石标本等;又如北京航空航天大学航空航天博物馆珍藏了30余架新中国成立前的飞机和导弹,其中最为珍稀的是"黑寡妇"战斗机,世界也仅有两架。这些藏品不仅具有宝贵的收藏价值,更具有极高的文化价值,这些丰富的文化资源是高校博物馆进行文创产品开发的基础。

其二,艺术价值。艺术,不仅可以激发人们的创造力、想象力、表现力,同时也是促进人们意识转换、社会公正的重要推力。❶高校博物馆所具有艺术价值主要表现在两个方面,一方面是高校博物馆的藏品包含多种艺术属性,艺术世界的构成主要包括前人创造、当代人创造以及与其他文化的交流,而博物馆藏品所蕴含的艺术属性正好是三者的有机结合。❷另一方面是高校师生、社会公众可以通过参观、欣赏高校博物馆的展览,满足自身对精神文化生活的需要,潜移默化地培养人们的艺术感悟力。高校博物馆展品所展现的艺术价值,正是文创产品开发的核心和灵魂所在。

其三,美育价值。美育,又称美感教育或者审美教育,是培养人们认识美、发现美、创造美的能力,提升人们趣味和情操的教育,是发展全面教育不可或缺的组成部分。高校博物馆在公共文化服务方面占据着重要的地位,是连接高校与社会公众的文化交流纽带、智识传播和文化育人的实践基地。❸高校博物馆通过普及科学知识、传播人文内涵、促进文化交流,从而最大限度地推动整体社会公众综合素养

---

❶ 王晔.走向未来的美育:《美育与艺术教育研究新趋势》评介[J].美育学刊,2019,10(4):61.

❷ 石晓霆.博物馆藏品的价值及信息传递方式[J].吉林省经济管理干部学院学报,2016,30(3):160-162.

❸ 同❶88.

的提升，充分发挥其社会美育的职能与责任。因此，高校博物馆开发的文创产品也应该成为彰显美感教育的有效载体。

高校博物馆文创产品的研发要紧紧依靠其文化价值、艺术价值、美育价值，在三者的基础上进行文创产品的开发设计。在文创产品开发和设计的过程中要及时接受消费者的反馈建议，并积极引导社会力量参与其中，从而开发出社会认可、消费者满意、别具一格的文创产品品牌。这些文创产品又能反作用其开发理念，推动开发理念的不断发展和更新，从而形成一种互动循环（见图3-18）。

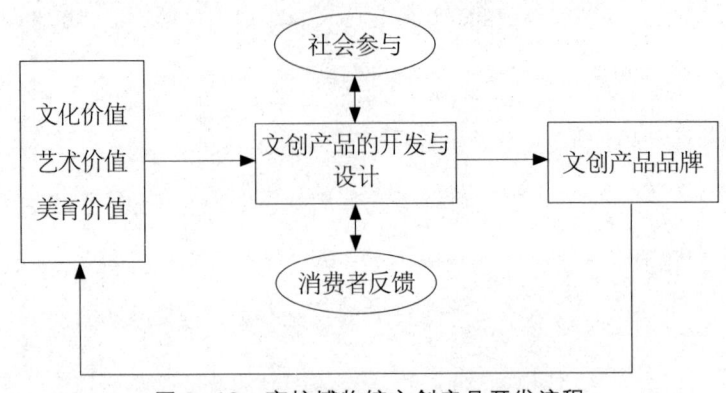

图 3-18　高校博物馆文创产品开发流程

三、高校博物馆文创产品开发的对策

文创产品所带来的经济效益和社会效益是有目共睹的。一方面，它可以通过观众对文创产品的消费增加博物馆的收入，从而有更多的资金成本投入博物馆建设和发展；另一方面，它也是扩大博物馆宣传的一个重要载体，对于提高博物馆的社会知名度有着重要作用。高校博物馆应该迎合社会发展的潮流趋势，不断提高自身的市场化经营探索意识和能力，大力开发具有自身特色的文创产品，从而满足公众更高水平的文化需求。高校博物馆应该从以下几个方面推动文创产品开发。

（一）找准智识创造与文创表现的契合点

其一，以藏品与展览为原型进行智识创造。让观众能够更多保留对高校博物馆的记忆，开发更多具有博物馆特色的文创产品是一个不错的选择。高校博物馆是智识创造的引领者，其文创产品开发也应该体现智识创造的过程。❶ 高校博物馆的智识创造要以其藏品、展览、科教活动为基础，以它们为原型进行文创产品开发，并根据观众的偏好打造个性化的文化衍生品，还可以利用高校博物馆的具体特色和文化元素进行创造，成为吸引不同种类观众的品牌符号。❷ 如北京航空航天大学航空航天博物馆可以通过对"黑寡妇"战斗机、"北京一号"等珍贵藏品的智识创造，衍生出潮流衣帽、生活家居用品等，就像其他博物馆推出的"网红"文创产品一样；如台北故宫博物院推出的网红胶带（见图 3-19）、大英博物馆设计的古埃及元素雨伞（见图 3-20）等，这些有着极具博物馆特色的文创产品，让观众在参观旅游的同时还能把对博物馆的记忆带回到自身生活中去。

图 3-19　台北故宫胶带

图 3-20　大英博物馆古埃及元素雨伞

其二，大力开发数字化文创产品。随着网络和新兴移动媒体的快速发展，人们渴望更多地认识社会、了解社会，这使得人们对智识生活有了更强烈的需求，数字

---

❶ 蔡劲松.大学博物馆的当代转型［M］.北京.民族出版社，2014：60.
❷ 李涵.文旅融合中博物馆信息化浅析［N］.中国文物报，2019-08-13（6）.

化文创产品恰巧迎合了这一潮流和趋势。数字化文创产品以文化资源为基础、以新媒体技术为载体,通过移动端设备实时向使用者传递信息,它超越了传统平面展示的特性,为高校博物馆文创产品开发提供了新思路、新空间、新模式。❶我国已经有一批博物馆率先发起了对数字化文创产品的开发,围绕历史文化进行 IP 的运营开发和授权,例如,故宫博物院就推出了《皇帝的一天》《韩熙载夜宴图》(见图 3-21)等一系列 ipad 应用软件,拓展了人们了解故宫文化的途径。高校博物馆文创产品开发也要把握智识时代的机遇,通过开发数字化文创产品向更多社会公众展示、宣传自己。

图 3-21 北京故宫应用软件

（二）寻求自身开发与社会参与的结合点

其一,打造自身高水平的设计团队。人才是文创产品开发的核心,能够做出怎样水平的文创产品取决于设计团队的整体水平。高校博物馆大力发展文创产品,离不开一支稳定的、高水平的设计团队。在国外,博物馆文创产品开发已经形成了一套非常成熟的产业体系,它们往往在博物馆下设专门负责文创产品研发的设计部门,能够在博物馆文创产品开发方面做出一系列的成就,跟研发设计部门有着密切的关

---

❶ 吴静. 两岸故宫博物院文化创意产业开发模式研究［D］. 厦门：厦门理工学院,2017：12.

系。此外，高校博物馆进行文创产品开发与设计的过程中还要根据消费者的需求和反馈对产品进行改进和再创造，从而开发出更符合消费者需求的文创产品。

其二，积极引入社会企业参与合作。艺术授权也是发展文创产品的一种方式。博物馆艺术授权是一个动态化的过程，主要包括信息发布、招标授权、谈判、签订授权合同、授权后的监管、授权后的回馈。❶高校博物馆以其丰富的文化资源为基础，利用艺术授权的形式引入更多的社会力量参与其中，将研发设计的工作托付给专门的设计公司等部门，通过加强与社会其他组织的合作，形成双方优势互补。通过自身开发与社会参与相结合的方式，共同推动高校博物馆文创产品开发能力和水平的提升。

（三）把握市场化运营与公益性传播的平衡点

其一，借鉴市场化运营的手段与方式。既然高校博物馆文创产品有着巨大的市场前景，因此在文创产品开发的过程中也应该考虑产品的经济效益。过去文创产品过于注重其艺术和文化价值，但是由于市场价格过高，仍然不能满足消费者的期待，"叫好不叫座"的现象时常发生。文创产品设计的出发点是市场需求，而不是艺术创作，高校博物馆文创产品的开发要遵守市场规则，设计符合消费者需求的文创产品。同时，还要及时进行市场调研，了解消费者的个性化需求。随着"互联网+"的发展，市场化运营多为线下和线上销售相结合的方式，高校博物馆也应该扩展销售渠道，不仅在博物馆内设立文创商店，同时也要开通网络购买渠道，例如官网直销、淘宝网店、网络旗舰店等多种方式。通过借鉴市场化运营的手段与方式，吸引更多的消费者，占领更大的市场份额。

其二，坚持以非营利性为发展目标。虽然国家鼓励和提倡博物馆通过多种渠道筹措资金来增加自身的管理运营经费，其中就包括大力发展文创产品，但是也要防止进行过度商业性的营利活动。高校博物馆最本质的属性就是其公共性、公益性，

---

❶ 刘勇伟. 艺术授权：博物馆文创产业发展的新途径 [J]. 博物馆研究，2018（2）：38-44.

因此高校博物馆在发展文创产品开发的同时要处理好文化性、公益性和市场三者之间的关系，博物馆所带来所有的经营性收入，必须投入发展公共文化事业。❶ 因为，高校博物馆开发文创产品的最终目的是渗入社会公众的生活，在满足人们对美好精神文化生活需求的基础上，让文创的核心理念——创新精神深入人心。唯有坚持以非营利性为发展目标，更多承担社会公共文化服务职能，高校博物馆才能充分发挥其社会效益。

四、结语

文旅融合成为社会发展的必然趋势，高校博物馆应该把握文旅融合所带来的发展契机。高校博物馆想要积极实践文旅融合发展，大力进行文创产品开发是一条捷径。高校博物馆所包含的文化价值、艺术价值、美育价值，为其进行文创产品开发奠定了坚实的资源基础。通过文创产品的开发，一方面延伸了参观者对高校博物馆的旅游记忆，加强了对高校博物馆自身的宣传；另一方面还能为高校博物馆扩展经费来源渠道、增加经费收入，从而获得更加持久、稳定的发展动力。

---

❶ 蔡劲松.高校博物馆：养在"深闺"几人识［N］.中国科学报，2019-02-20（6）.

平武白马藏族舞蹈的产业化开发

■ 四川文化艺术学院　李运国

摘　要：平武白马藏族舞蹈是四川省绵阳市的特色文化资源之一，具有悠久的历史，丰富的文化遗存，在当下文化产业迅速发展和国家全面脱贫战略的历史背景下，运用现代流行的文化产业运作模式融合现代旅游产业，开发出适宜本地的舞蹈产业，既能促进当地经济的发展，又能实现白马藏族舞蹈文化的现代传承。

关键词：白马藏族；舞蹈；产业化；旅游

一、引言

改革开放以来，经济的高速发展推动了文化事业的迅速发展。近年来，随着人们越来越重视精神生活的享受，文化产业化发展已经驶入快车道。这对少数民族文化来说是个很好的历史发展机遇。通过对少数民族文化风俗进行产业化开发，既可以带动当地经济的发展，提高当地居民的生活水平，又可以推动当地民族文化的传承与发展，同时使这些丰富的民族文化走出当地，走向全国。本文以平武白马藏族舞蹈的产业化开发为研究对象，希望通过此项目研究为当地舞蹈文化的产业化开发提供帮助。

二、舞蹈产业化综述

舞蹈文化有悠久的发展历史。近年来，随着世界经济的不断发展，舞蹈文化逐

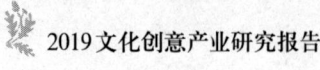

渐走上产业化的发展道路，国内外对其研究也各有不同，下面通过阅读国内外文献对关于舞蹈产业化的研究进行相关说明。

（一）国外综述

欧美发达国家的舞蹈文化历史虽然不一定比中国早，但对舞蹈产业化的研究明显早于国内，因此对舞蹈产业化的认识也更深。比较著名的成功案例有舞台剧《大河之舞》等代表作品，表现出的产业化特征也非常显著。欧美国家舞蹈产业多是由专门的舞蹈艺术公司来进行运作。同时，为了作品的质量，演员也不局限于本国内，经常会在世界范围内进行演员的选择。例如，《大河之舞》是爱尔兰著名的舞台剧，在进行舞蹈创作时，作曲家维兰认为，宗教音乐应该成为《大河之舞》不可缺少的一部分，于是特意从美国亚特兰大请来一个福音合唱团。下半场的舞蹈必须与爱尔兰舞蹈家所表演的舞蹈有所不同，应该形成对比，所以又从美国请来三位黑人踢踏舞演员。也正是这种包含多种文化元素的舞蹈作品赢得了观众的喜爱，使得《大河之舞》成为世界范围内著名的舞台剧目之一，同时也为发行者带来了很高的经济收益。

（二）国内综述

我国舞蹈产业化的发展起步于2000年以后。近年来，随着经济的不断发展，人们的生活水平的提高，舞蹈产业也越来越受到社会大众的重视。先后涌现出了许多成功的商业舞蹈产品。例如，2003年公映的原生态歌舞剧《云南映象》；2006年出品的少林文化代表作品《禅宗少林·音乐大典》；还有《风中少林》《贵州风情》等。这些作品已不只是单纯的舞蹈表演了，背后更是凝聚了我国舞蹈产业的起步和发展。

另外，国内也出现了一些专门从事舞蹈产业化生产的公司。其中，上海城市舞蹈有限公司便是其中翘楚，推出了很多优质作品，比如《霸王别姬》《红楼梦》《花木兰》、杂技芭蕾舞剧《天鹅湖》等，引起了市场的巨大反响。在运作《红楼梦》时，联合了前北京军区战友歌舞团，还邀请了旅欧作曲家苏聪、舞蹈家赵明等一批有艺术市场经验的艺术家加盟，取得了巨大的市场成果。因此，我国舞蹈产业进入了快速发展阶段。

三、平武白马藏族舞蹈产业化开发的意义

平武白马藏族地处深山之中，交通不便，比较闭塞，但是绿叶环绕，风景优美。当地文化源远流长，有着鲜明的民族特色，通过对平武白马藏族舞蹈的文化进行产业化开发，既有助于推动当地舞蹈文化的传承与发展，还可以带动当地的经济发展，是当下一举两得的有效之路。

（一）推动白马藏族舞蹈文化的传承与发展

文化的传承需要人去完成。现代经济高速发展的社会环境下，许多年轻人选择外出打工挣钱，对本地的许多民族文化却没有很大的兴趣，以白马藏族舞蹈"十二相舞"为例，其动作十分复杂，有40多套，学起来很不容易。以前，当地的孩子到十几岁时，老人会专门教他们，每天晚上练习，持续好几个月。而现在许多年轻人都选择外出打工挣钱，再没有像以前那样去花大量时间来学习"十二相舞"的年轻人了。所以现在能全面、完整地指挥领跳者只有几十人，而白马十二相面具雕刻艺人也仅剩下几位老人。解决这一问题的一个很好的办法，就是推动平武白马藏族舞蹈的产业化发展。通过产业化的发展，使人们在继承和弘扬传统舞蹈文化的同时，还可以增加收入。这样年轻人就不需要到外地打工，在自己家乡通过加入舞蹈产业化中的一环就能解决自己的就业问题，这对推动当地民族文化的传承与发展都是很有益处的。

（二）带动当地经济发展

平武白马藏族凭借当地优美秀丽的自然风景和丰富独特的民间文化，必然会吸引大量游客前去游玩观赏；而人们通过白马藏族舞蹈作品为游客提供优质的旅游服务，必然会收获丰厚的报酬。这对带动当地的经济发展是十分有利的。因此，平武

白马藏族舞蹈产业化开发，除了能够推动当地文化的传承与发展，还能带动当地的经济发展，提高当地人们的生活水平，从而形成一个长期持续的良性循环，使平武白马藏族舞蹈的产业化之路越走越顺。

四、平武白马藏族舞蹈产业化的条件分析

平武白马藏族舞蹈进行产业化发展，主要是基于四个发展条件来进行，下面对这些条件进行逐一的分析。

（一）时代发展趋势

任何事物的发展都不可能离开其所处的时代而独立去发展，自然，任何事物的发展也都应该顺应时代的发展潮流，反之则会被淘汰，舞蹈的产业化发展也是如此。平武白马藏族舞蹈的产业化之路恰是这个时期被提出和实施的，可以说完全符合时代的发展潮流。同时，当地政府也乐于采取相关举措来鼓励当地舞蹈的产业化发展，借此来带动经济发展。因此，平武白马藏族舞蹈的产业化是被所处时代条件所允许、所鼓励的。

（二）群众基础广泛

平武县白马藏族历史悠久，人口3627人，民族语言为白马语。有研究发现，白马藏族是东亚最古老的部族，与藏族并不同源，其祖先应该来自氐羌。源远流长的历史留下来丰富的文化遗存。同时，民族文化氛围浓厚，平武县白马藏族的人们几乎人人都能歌善舞，这恰好为平武白马藏族舞蹈的产业化发展提供了很好的群众基础。有了广大群众的热情参与，白马藏族舞蹈的产业化发展才有广泛的群众基础。

（三）舞蹈遗产丰富

平武白马藏族舞蹈丰富多彩，有跳曹盖、圆圆舞、熊猫舞、十二相舞、火圈舞

等,这些都是白马藏族的舞蹈遗产。而且不同的舞蹈会在不同的时期表演,也包含着不同的意义。

平武白马藏族的舞蹈中,最具代表性的舞蹈便是"跳曹盖"了。"跳曹盖"在每年农历正月初六举行。"曹盖"系白马藏语音译,意为面具,"跳曹盖"即戴着面具跳。在"跳曹盖"中,舞者会戴上代表各种不同意义的面具,穿上特制的不同扮相的服装起舞,在舞蹈中以夸张的舞姿来展现对自然神的崇拜、祭祀神鬼、驱灾祈福。以这样的祭祀祈求神明,赶鬼怪出寨外,保一年人畜平安、五谷丰登。如图3-22所示。"跳曹盖"就是白马藏族文化中的活化石,完美、全面地展示了白马藏族的文化传承,目前已经被列为国家非物质文化遗产。

图3-22 白马藏族的"跳曹盖"

其他舞蹈也有着丰富的含义。"熊猫舞"是白马藏族按熊猫的生活习性进行舞蹈,表现出天人合一、人与自然和谐相处的氛围,如图3-23所示。

图3-23 白马藏族的"熊猫舞"

总之，白马藏族丰富的舞蹈遗产为其舞蹈的产业化发展提供了不可或缺的基础条件。

（四）丰富的旅游资源

平武白马藏族地处平武县西北边陲、九寨环线东段，夺补河流经全境。它北与"童话世界"九寨沟接壤，南与平武县木座藏族乡、黄羊关藏族乡相邻，东与甘肃省文县铁楼乡交界。白马藏族人居住在山林里，每个寨子后面都是山，当地环境优美，气温适宜，山上植被茂盛，野生动物众多，是人们出行旅游的好去处。近年来，平武县当地政府对当地旅游开发非常重视，2016年建成了独具特色的精品旅游度假区，经过这几年的发展，已经初步形成规模，吸引了大批的游客前往，游客在游山玩水的同时也领略到了当地别具特色的舞蹈文化。白马藏族其特定的地理位置和独特的舞蹈风情使其优势凸显，大力开发白马藏族独特的舞蹈风情游是白马藏族经济的又一增长点。树立科学发展观，加大旅游基础设施投入，发掘古朴的白马藏族舞蹈文化，把白马藏族舞蹈文化转化为生产力，整合提升演艺队伍的素质和水平，着力打造白马藏族舞蹈旅游的精品和亮点，会迅速提升白马藏族舞蹈产业的吸引力。

五、平武白马藏族舞蹈产业化开发的策略

一个产业要想发展得长久，需要注入新的发展理念，这样产业才具有活力和生命力，白马藏族舞蹈产业发展也不例外。平武白马藏族舞蹈产业化发展离不开当地独特的民族文化。毫不夸张地说，当地独特的民族文化就是产业化开发的立足之本。所以，在进行白马藏族舞蹈产业化开发时，应当立足于本土，从本土的历史文化、民间民俗文化中寻找、挖掘舞蹈素材，进行创意开发，可开发出别具特色的舞台剧。

平武白马藏族居住地风景优美，旅游资源丰富。所以在进行产业化开发过程中，一定要与旅游业紧密结合。现代社会中城市人口生活节奏偏快，压力很大，人们会阶段性地选择外出旅游来放松心情。而风景秀丽、民族特色鲜明的平武白马藏族聚

居地正是他们很好的去处。所以当地政府和民众可以通过提高服务性来发展旅游产业，增加对游客的吸引力。

（一）舞蹈文化的开发

平武白马藏族的舞蹈文化源远流长，有白马跳曹盖、圆圆舞、熊猫舞、十二相舞、火圈舞等，其中最为著名的有跳曹盖、十二相舞等，而且已经入选我国非物质文化遗产名录。

如此巨大的舞蹈遗产宝库，为舞蹈产业化开发提供了丰富的养分。可以通过举办节庆或者舞台剧的形式吸引游客前去观看，例如，已经形成规模的"王朗白马风情节"及"山寨歌会"，都是产业化的开发方式，还可以打造内涵丰富的实景演出基地，将舞蹈文化中所蕴含的历史传说通过现代科技与舞蹈相结合，提高舞蹈作品的观赏性，吸引更多游客前来观看，提高知名度，让更多的人因此喜欢上当地的舞蹈文化。

（二）舞蹈服饰文化产品的开发

白马藏族的服饰很具民族特色，不论男女，头上都戴一顶盘形、圆顶、荷叶边、由羊毛压模后制成的白色毡帽，并在帽顶侧面插上一只或几只白色雄鸡的尾羽作饰物。白马藏族服饰以白、黑、花三种袍裙为主，色彩艳丽。女性胸前常用白玉般的鱼骨牌做装饰，腰间围着几匝金亮的古铜钱，穿上各色布料绘制的镶花袍裙，富有民族特色，如图 3-24 所示。

图 3-24 白马藏族服饰

独具民族特色的白马藏族服饰可以通过"山寨舞会"等场合对外展示，展现白马藏族服饰中蕴含的特有民族文化，激发游客对白马藏族服饰的好奇心，可以提供试穿拍照、购买等方式销售，让人们更好地感受当地服装的魅力。可以专门设置提供白马藏族服装租赁和拍照留念的场地扩充产业类型。在白马藏族节庆活动的时候，游客可以穿着白马藏族服饰和白马藏族人一起欢度节日。特色的白马藏族服饰和欢乐的节日，相信一定会给游客留下深刻的印象，也相信随着人们审美观念的不断进步，白马藏族的服饰必然会被越来越多的人接受。

（三）节庆舞蹈文化的开发

白马藏族的节庆文化主要指其独有的节日，每年的正月十七的"涂墨节"，是白马藏族人的狂欢节。这一天，白马藏族群众会聚到一起唱歌跳舞，每个人的脸都会互相用木炭的黑灰抹黑，象征着驱除妖怪的风俗。还有白马藏族的"烤街火"，是白马藏族人的火把节，这是白马藏族人各个村寨共有的习俗，节日是从腊月初八开始的，每天晚上全寨男女老少一起出动，各个村寨的人们一起凑柴、烤火、唱歌、讲故事、跳火圈舞……这样的热闹场面一直要持续到正月十七才结束。

节庆文化的开发具有很大的潜力。像傣族的泼水节，每年都会吸引全国各地的人们前往，十分火热，而且产业规模越来越大。这对平武白马藏族舞蹈产业化的开发也有借鉴意义，可以把白马藏族独有的节日推向市场，邀请更多的人前往参加游玩，通过旅游与舞蹈演出的结合，让观众深刻体验白马藏族的特色风情，同时激发游客的旅游消费。

文化产业化的表现即是文化销售。平武白马藏族舞蹈进行产业化开发，其本质就是把舞蹈服务以商品的形式销售给游客。所以在舞蹈产业化的开发中，应当牵手旅游，突出服务性，将白马藏族舞蹈产业与旅游产业相结合，借助旅游将舞蹈推向市场。

六、平武白马藏族舞蹈产业化开发的注意事项

平武白马藏族的舞蹈文化在创新开发时,要注意保留舞蹈文化的民族特色,不能为了刻意迎合观众而改变自身的民族特色,使流传多年的传统文化变质。

2009 年,绵阳市曾经对全市非物质文化遗产作了调查与统计,结果显示,平武白马藏族 27 项民俗文化中,有 13 项处于濒危状态,还有一些正处于演变之中。最明显的例子,便是白马藏族服的款式、白马藏族人的语言以及白马藏族歌舞中过多地融入了外来元素,甚至发生着根本性的转化;自然崇拜和原始信仰受到外来宗教的严重冲击,有被快速替代的趋势;居室和生活习俗汉化异常严重,许多村寨只有在白马藏族人节庆期间才能看到传统民俗,而平时已与汉族无别。宏观地观察,整个白马藏族人传统民俗文化向外来文化的趋同正在加剧,大力抢救、挖掘、保护白马藏族民俗文化就成为当务之急。因此,对近年来刚刚起步的白马藏族舞蹈产业,一定要警惕这一问题,在进行舞蹈产业化开发过程中,要适度地进行创新发展,一定要保留最具民族文化特色的舞蹈文化元素。

七、结语

眼下,国家提倡的文化复兴战略,为平武白马藏族舞蹈产业化发展提供了最佳时机。平武白马藏族舞蹈有丰富的历史遗存,有多样化的舞蹈文化素材,平武地区得天独厚的自然风光和民族风情为当地提供了优质的旅游资源,白马藏族舞蹈产业与旅游产业的结合能够形成良性的持续发展的产业模式。一方面,带动地方经济发展;另一方面,可有效整合资源,促进白马藏族舞蹈文化的传承,推动白马藏族舞蹈产业化发展。白马藏族舞蹈的产业化开发过程中,要合理、适度,注意保护当地的舞蹈文化生态,避免让传统的舞蹈文化生态遭到破坏。最后,希望此项目研究对当地的经济发展和文化传承能起到积极作用。

形神理论对知识产权开发与保护的意义研究

■ 广东工业大学　温一锋　陆定邦

摘　要：在数字创意产业时代，数字技术的快速发展使得知识产权的开发与保护日益维艰，知识产权开发与保护的理论和技术的研究迫在眉睫。"以形写神""离形得似"等中国古代经典形神理论，为知识产权的开发与保护提供了研究思路：如何抓住"神"来创造知识产权的"形"，如何辨别知识产权的"形神"是否遭到侵犯等。因此本研究通过进行认知心理学实验来确定人对"形"与"神"认知过程，以及人对"形似"和"神似"的判定方式，进而探讨形神理论在创意产业中知识产权的开发与保护的应用途径。

关键词：形神理论；创意产业；知识产权

一、研究背景

1998 年，英国特别工作组在 *Creative Industries MApping Document* 报告中首次对创意产业进行了定义：源自个人的创意（creativity）、技巧（skill）及才华（talent），通过知识产权（intellectual property）的生成和开发，具有创造财富和就业潜力的行业。创意是创意产业的核心要素，而知识产权又是创造者依法享有其通过创意活动所得成果的权利，因此知识产权亦可视为创意产业的核心价值所在，知识产权的开发与保护对促进创意产业的发展起到决定性的作用。知识产权最常见的四种形式分别是版权、专利、商标和设计，每一种形式都有庞大的产业与之对应，

这四种产业就组成了创意产业和创意经济（Howkins，2002）。❶

　　创意产业的概念进入中国之后发展迅速，并衍生出了数字创意产业的概念。2016年11月，在国务院推出的《"十三五"国家战略性新兴产业发展规划》中，数字创意产业正式被列为五大新支柱之一。然而在数字化大行其道的时期，却使得知识产权的开发与保护日益维艰，数字技术的高速发展以及数字信息的爆炸式增长，导致创意产业中的创意内容质量低、发现侵权难、维权难等问题被放大。因此，知识产权开发与保护的理论和技术的研究迫在眉睫。

　　以专利为例，我国的专利分为外观设计、实用新型和发明三种。其中，根据《中华人民共和国专利法》（2008年）第一章第二条，外观设计是指对产品的形状、图案或者结合以及色彩与形状、图案的结合所做出的富有美感并适于工业应用的新设计。其中不乏涉及主观判断的因素，因此外观设计专利的审查和保护是相对较为复杂的。2011年，苹果与三星的知识产权纠纷案件正式打响，在长达8年的诉讼之后，三星公司被判定应向苹果公司赔付5.386亿美元的侵权费用（Horwitz，2018）。❷其中仅530万美元是因为侵犯了苹果的两项实用专利，而剩余的5.333亿美元是因为侵犯苹果三项外观设计专利。外观设计专利审查的难度之大以及知识产权的巨大价值也由此可见一斑。

　　对于知识产权开发与保护，中国古代的"形神理论"有着极大的研究价值。"形神理论"是中国古代的经典哲学理论，主张"形"为物的外在形体，"神"为物的精神内涵。知识产权，即创造者的创意成果，通常都会以实物的形式呈现，因此，知识产权亦有"形神"。知识产权的开发与保护，亦可从"形"与"神"的角度来进行思考：知识产权的开发如何做到"神似而形不似"？知识产权的审查是通过对"形似"还是"神似"进行判定？"神似"是否侵犯了知识产权，等等。

---

❶ HOWKINS J. The creative economy : How people make money from ideas［M］. London : Penguin，2002.

❷ HORWITZ.Apple wins $538.6 million from Samsung in latest iPhone patent retrial［EB/OL］.（2018-05-24）［2020-02-10］. https://venturebeat.com/2018/05/24/Apple-wins-533-3-million-from-samsung-in-latest-iphone-patent-retrial/.

为了回答上述问题，本文将对形神理论在设计学领域中的意义进行研究，通过实验的方式来探索人对设计的"形"与"神"的认知，以及人对"形似"和"神似"的判定方式，进而探讨形神理论在创意产业中知识产权的开发及保护的应用途径。

二、形神理论在设计学领域的定义

形神理论最初是中国古代绵延了千年之久的哲学辩题，最早可以追溯到先秦早期道家关于"器"与"道"的论述中（马汉钦，2005）。❶"道"是无形的规律，通过有形的"器"得以彰显。老子对"器"与"道"的论述虽没有直接提及"形"与"神"，但所述意义与形神理论极为接近，且道家的后人也在随后的著作《管子·内业》中写道："夫道者，所以充形也……不见其形，不闻其声，而序其成，谓之道。"将"器""道"与"形""神"直接联系了起来。

如果说先前对形神理论的论述都仅在古代哲学领域中，那么庄子则实现了将形神理论向"人"的转化（马汉钦，2005）。庄子的"形"为人的外在形迹，"神"则是人的内在心灵。庄子的形神观将形神理论带到了以表现人的心灵为重心的艺术和文学领域中，为艺术和文学等领域的发展起到了极大的推动作用。

在艺术领域中，绘画是受形神理论影响最深刻的领域之一。东晋时期最伟大的画家顾恺之以肖像画著称，他的绘画思想主要集中于对人物画的探讨，并在其著作《论画》中提出了"以形写神"的重要思想，开辟了中国古代绘画的新纪元。该思想的核心认为绘画创作应该通过对人物形体的描绘来将人物的精神再现于画作中，与《荀子·天论》中所提及的"形具而神生"有异曲同工之妙。

与艺术相似的是，设计通常也被认为是一种创造性的活动。设计学是关于设计这一人类创造性行为的理论研究，由于设计一直以功能性与审美性为目标，因此，设计学的研究对象便与设计的功能性与审美性有着不可割裂的关系（尹定邦，

---

❶ 马汉钦. 中国形神理论发展演变研究［D］. 福州：福建师范大学，2005.

2013）。❶可见，设计是人类通过创造性行为得到设计产物，并以此实现设计的功能性与审美性目标的活动，前者与"形"的关系密切，后者与"神"高度关联。

设计的功能性与审美性亦可看作设计产物为设计对象带来的价值或体验。将上述描述与"以形写神"的思想进行对照可以发现，在设计学领域中，"形"即为人类通过创造性行为得到的设计产物的形态，"神"则是设计产物为人类带来的审美价值或精神体验。因此，本研究将设计学领域中的"形"和"神"定义为：

"形"：设计产物所呈现的感知形态或机能符码；"神"：设计产物所具有的内涵意义或精神价值。

三、设计学领域中的形神关系

要将形神理论应用到具体的设计程序中，则需对设计学领域中形神关系进行深入探讨。顾恺之的"以形写神"说为设计学领域的形神关系研究提供了很好的切入思路，即通过对产品感知形态或机能符码的设计来实现产品的内涵意义或精神价值。然而，司空图的《诗品·形容》有云："俱似大道，妙契同尘。离形得似，庶几斯人。""离形得似"的提出，把顾恺之"以形写神"的观念发展到了一个新的阶段，讲求"神"对于"形"的独立，虽不是完全脱离"形"，但却提倡不受"形"的束缚，打破对于"形"的拘泥。此时，"形""神"不再是"以形写神"或"形具而神生"的线性关系，而是"形似"与"神似"的两个相对独立的概念，追求的是"不求形似而求神似"的境界，即"形似"和"神似"分别有其从"不似"到"似"的线性关系，将其相交可以得到一个"形似"与"神似"的二维关系矩阵，如图3-25所示。

根据上述矩阵，可以得到四种形神关系，分别为"形神兼备""貌合神离""形神俱灭"和"离形得似"。其中，如何创造"离形得似"即神似而形不似的设计以及如何辨别"貌合神离"即形似而神不似的设计，为设计学领域中形神理论应用的关键。

---

❶ 尹定邦. 设计学概论［M］. 北京：人民美术出版社，2013.

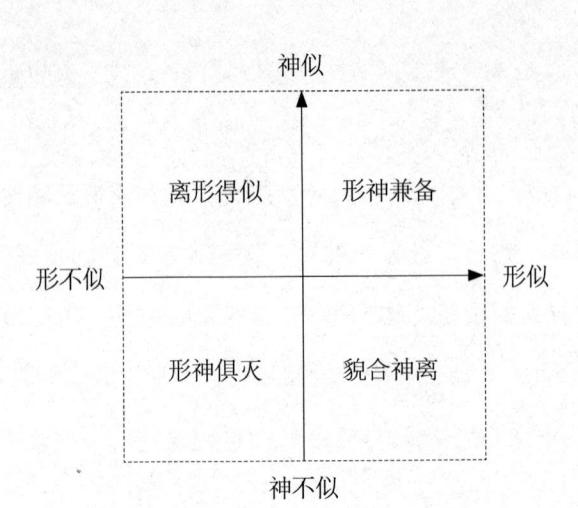

```
              神似
               ↑
    ┌──────────┼──────────┐
    │          │          │
    │  离形得似 │  形神兼备 │
    │          │          │
形不似 ─────────┼──────────→ 形似
    │          │          │
    │  形神俱灭 │  貌合神离 │
    │          │          │
    └──────────┼──────────┘
               ↓
              神不似
```

图 3-25 "形似"与"神似"的二维关系矩阵

要创造"离形得似"或辨别"貌合神离",其根本是要了解人是如何认知设计的"形"和"神",继而才能判断何为"形似"及"神似"。因此,本研究将进一步探讨人如何认知"形神"以及人如何判别"形似"和"神似";或反之,掌握"形离"和"神离"。后者对知识产权的开发具有重要的价值意义,然其理论依据必须建立在前者的理论基础之上。

四、人的形神认知

由于自身的生理条件限制,人类对现实世界的认知是有限的,例如人类无法看到红外线和紫外线、听不到超高频或超低频的声音,因此人对于现实世界的认知将不可避免地取决于人的主观经验。人对于"形神"的认知亦难脱生理限制,因此,设计产物所呈现的形态以及所具有的价值也将取决于人的感知与认知结果。

20世纪50年代以来,由于信息科学和计算机科学等的兴起与发展,信息加工的观念逐渐渗透到心理学领域中。认知心理学被认为是用信息加工的观点来解释人类的认知与行为(彭聃龄、张必隐,2004)。[1] 这种观点认为,信息加工包含信息的输入、登记、整合、识别、解释等一系列的过程,信息输入和登记的过程是借助人

---

[1] 彭聃龄,张必隐. 认知心理学[M]. 杭州:浙江教育出版社,2004.

的各种感觉如视觉、听觉、嗅觉等来实现的，此阶段输入和登记的信息特征通过知觉阶段的整合而被人所识别。而其中，视觉通常被认为是人类获得信息的最主要途径，在视觉方面的研究成果也更加丰富。因此，本研究将主要从视觉的角度出发，以信息加工的观点来进行形神认知过程的研究。

人的信息加工过程是从模式识别开始的。模式就是一组刺激或刺激特性，按一定关系构成的有结构的整体，模式识别即为对模式的觉察、分辨和确认的过程（彭聃龄、张必隐，2004）。模式识别的过程受到情境（Palmer，1975）[1]和人已有的知识经验（Chastain & Burnham，1975）[2]的影响。认知心理学家为了探索人类进行模式识别的过程，进行了大量的实验并提出了一系列模式识别的理论，如特征分析理论、特征整合理论、拓扑性质知觉理论等。下文将对这些模式识别的理论与形神认知的关系进行逐一论述。

特征分析理论（feature analysis theory）认为人在模式识别过程中首先把模式分解成各种特征，再对特征提供的刺激信息进行分析来达到识别模式的目的。Hubel 和 Wiesel（1979）对猫和猴子进行的有关视觉系统的研究为此理论提供了支持的生物学证据。他们发现，每一个神经元都只对呈现在视网膜上的一小块区域的特定类型刺激放电（Hubel，Wiesel，1979）。[3]特征分析理论很好地解释了人的模式识别的过程，但是忽略了特征之间的关系对模式识别的作用。而 Treisman 提出的特征整合理论（feature integration theory）则弥补了这一缺失。特征整合理论认为，对物体特征的知觉源于两个加工阶段：第一个是前注意阶段，视觉系统从感受器获取、加工感觉信息，形成对特征的基本知觉；第二个是集中注意阶段，在这个阶段中，人将在前注意阶段知觉的各个特征结合、组织成对完整物体的知觉（Treisman，1980）。[4]根据特征整合理论，本

---

[1] PALMER S E.Visual perception and world knowledge：Notes on a model of sensory-cognitive interaction [J].Explorations in cognition, 1975（2）：279-307.

[2] Chastain G, Burnham, etc.The first glimpse determines the perception of an ambiguous figure [J]. Perception & Psychophysics, 1975, 17（3）：221-224.

[3] Hubel D H, Wiesel, etc. Brain mechanisms of vision [J].Scientific American , 1979, 241（3）：150-163.

[4] Treisman A M, Gelade, etc. A feature-integration theory of attention [J]. Cognitive psychology, 1980, 12（1）：97-136.

研究认为人对"形神"的认知是通过对设计的外部特征即"形"进行分解与分析，再通过组织这些外部特征来认知设计所代表的操作特性、功能用途、意义价值、理念含义等隐性知识，即设计的"神"，此过程与顾恺之的"以形写神"和《荀子·天论》中的"形具而神生"的描述极为相似，即通过对"形"的认知来达成对"神"的认知。

然而，特征整合理论提出的模式识别过程却无法解释《诗品·形容》所云"离形得似"的形神关系。当"离形"即离开对特征的分析与整合，如何达到对物体之神"得似"的认知呢？陈霖提出的拓扑性质知觉理论（topological perception theory），为本研究提供了研究思路。该理论认为，在视觉处理的早期阶段，人的视觉系统首先检测图形的拓扑性质，视觉系统对图形的大范围拓扑性质敏感，而对图形的局部几何性质不敏感（陈霖，2005）。❶ 视觉系统接收的刺激信息依据大范围属性被分为不同的大范围整体，这种大范围属性用数学的方法描述即为拓扑性质（陈霖，1982）。❷ 可以把拓扑性质看作图形在拓扑变换下保持不变的性质和关系，如连通性、封闭性、洞等，都是图形中典型的拓扑性质，而大小、角度等几何性质则不是拓扑性质。当一些图形的几何性质不同，但是拓扑性质一致，就可以认为这些图形是拓扑等价的。"离形得似"则是当一个物体的"形"不同，但"神"一致，就可以认为物体是"离形得似"即"神似"的。根据上述理论，人对图形拓扑性质即为人对"神"的认知过程，而图形的拓扑性质以连通性、封闭性和洞等图形特征被人知觉到，那么人对"神"的认知同样也是通过"神"的外显特征来被人知觉到，这些外显特征即为人认知"神"的关键特征。

五、形似和神似的定义

判断是否"形似"或"神似"的本质其实是根据相似性对事物进行分类的过程。（Rosch，Mervis，1975）❸ 对家族相似性（family resemblance）的研究表明：当一个

---

❶ CHEN L.The topological Approach to perceptual organization [J]. Visual Cognition, 2005, 12 (4): 553-637.

❷ CHEN L. Topological structure in visual perception [J].Science, 1982, 218 (4537): 699-700.

❸ ROSCH E, MERVIS C B.Family resemblances: Studies in the internal structure of categories [J]. Cognitive psychology, 1975, 7 (4): 573-605.

事物的一般特征与类别中的其他事物的一般特征有较多重叠时，说明这一事物具有较高的家族相似性，反之则说明具有较低的家族相似性。这个观点可以用以说明人怎样对"形似"的事物进行判断和分类，但是判断"神似"时，人需要首先认知到物体是什么，才能了解其内涵与价值。因此，在判断"神似"时，必然要先经历对事物的模式识别过程，进而才能对"神似"的事物进行归类。

Tanaka & Taylor（1991）[1]请鸟类专家和非专家做了一个对一系列鸟类图片进行客体命名的实验，实验结果显示，专家更多地使用具体的名称命名鸟类，而非专家的反应则大多是"鸟"。可见，如同模式识别受到情境和知识经验的影响一般，人在对事物进行归类的时候，同样会受到已有的知识经验的影响。

综上所述，本研究将人对"形似"和"神似"的判定过程定义如下。

"形似"：在相同的认知情境和知识经验下，人所识别的各物体分解出的特征的重叠较多，且重叠的特征差异较小，即认为这些被识别的物体是"形似"的。

"神似"则有两种判定过程：

一是在相同的认知情境和知识经验下，根据特征整合理论的模式识别过程，人所识别的各物体分解出的特征完全重叠，且重叠的特征差异极小，即认为这些被识别的物体是"神似"的；

二是在相同的认知情境和知识经验下，根据拓扑性质知觉理论的模式识别过程，人所识别的各物体的关键特征完全重叠，且重叠的关键特征差异小，即认为这些被识别的物体是"神似"的。

六、实验设计

为了验证前文论述的形神定义及"形似"与"神似"认知过程的假设，本研究将通过实验调研的方法来验证。实验方法主要包含被试、材料和程序三部分内容。

---

[1] TANAKA J W, TAYLOR M.Object categories and expertise : Is the basic level in the eye of the beholder？[J]. Cognitive psychology, 1991, 23（3）: 457-482.

被试：此次实验将通过发放网上和实体问卷的形式对被试者进行调研。由于已知模式识别及事物分类受到人已有的知识经验的影响，此次实验将根据被试者的年龄范围、学历分布、职业分布等对实验结果进行分类分析。

材料：根据前文对"形似"和"神似"判定过程的定义，为确保实验结果的有效性，此次实验拟选取特征可以被完全列举的产品进行，测试被试者对"形似"和"神似"的分类方式。因此本次实验根据定义创造了系列的碗碟产品来对被试者进行测试，碗碟的特征可以列举为碗口、碗深、碗壁、底座。如图3-26所示，其中1-2-3-4号、5-6-7-8号、1-9-10-11号互为"形似"，1-8号、2-7号、3-6号、4-5号互为"神似"。此外，根据"神似"的第一种判定过程定义，互为"形似"的三组中相邻的两个碗碟也视作互为"神似"，例如1-2号、1-9号、7-8号等。

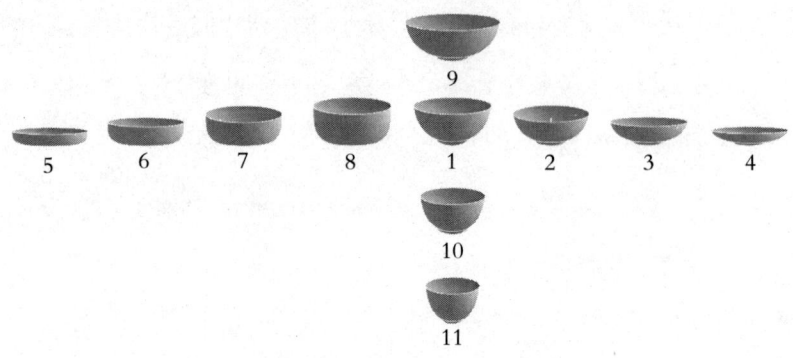

图3-26 "形似"和"神似"判定过程

程序：被试者首先被要求填写年龄、性别、学历、职业等基本信息，对知识经验相对类似的被试者进行分类，以降低统计结果受知识经验影响的程度，以及对不同知识结构的被试群体的实验结果做分类分析。随后被试者被要求对碗碟进行两次"形似"和"神似"的判定及分类实验：第一次实验将不对认知情境进行限制，被试者仅凭其认知结果对"形似"和"神似"的碗碟进行归类；第二次实验将假定认知情境，在此情境下，原本无"神似"关系的碗碟将可能出现认知结果的变化，被试者将基于认知情境的限定下对"形似"和"神似"的碗碟进行认知与归类。被试者可以归类多组"形似"或"神似"的碗碟，实验结果将与根据定义分类的"形似"和"神似"的碗碟进行对比，统计实验分类与定义分类相同的被试者数量及占比，从而判断假设定义的正确性。

七、实验检测结果与讨论

从实验检测结果中可以发现，被试者对于"形似"的判定结果与定义的"形似"分类基本无异，而对于"神似"的判定结果则出现两种情况：在没有给定或限制认知情境的条件下，多数人遵循第一种"神似"的判定过程，即遵循特征整合理论，大部分"形似"的碗碟也被视作"神似"的；当对认知情境进行限制之后，多数人遵循第二种"神似"的判定过程，即遵循拓扑性质知觉理论，"神似"的碗碟都有部分特征完全一致。

此外，根据前文定义，1-2-3-4号仅有碗深存在变化，因此它们应互为"形似"，但鲜有被试者认为1和4是"形似"的。在心理物理学领域，德国生理学家Weber（1834）提出差异阈限的概念，即人对感受刺激变化的认知存在最小可察觉的量。那么本次实验是否说明重叠特征的差异存在一个最大可接受的值，超出此值是否将影响被试者的认知？假设差异阈限为一个单位的差异值，那么多少个单位的差异值将带来认知的变化？这些问题都有待对实验的完善及后续研究来获取答案。

八、研究展望

本研究从认知心理学的角度，通过实验的方式来验证人如何认知"形神"，此为形神理论在设计学领域中得以应用的第一步。在后续的研究中，除获取更多实验结果以及进行更多不同维度的实验以对设计学领域中的形神定义做进一步的完善之外，将尝试对形神理论应用于创意产业中知识产权的开发与保护的技术进行研究，例如怎样用形神理论来协助知识产权的审查，如何抓住文化的"神"来创造与开发创意产品等，将会是后续研究的重点。

新常态下我国艺术品电商平台的监管路径转向研究

■ 江苏师范大学 朱锦程

摘　要： 新常态下，我国艺术品电商平台监管的路径转向包括规范重心从传统艺术品行业向艺术品电商平台转移；监管主导权从政府主导向市场立场转变；从以市场规制为主向规制兼有扶持的趋势转向；监管目标从以公私兼顾转向所有利益相关者等。

关键词： 新常态；艺术品电商平台；监管路径；政策供给

一、问题的提出

2016年4月，习近平总书记在网络安全与信息化工作座谈会上指出："增强互联网企业的使命感、责任感。"艺术品电商平台作为互联网企业的典型行业之一，理应承担其应有的使命感和责任感。新常态下，以文化（艺术品）+科技（电商）为核心的艺术品电商平台是传统艺术品产业与"互联网+"背景电子商务交易模式有机融合形成的新兴文化产业模式，这是我国文化产业结构优化的典型体现。本文即是从文化治理和制度结构的视角研究互联网电商平台这一新兴文化产业结构模式的监管路径转向问题。现阶段我国经济新常态主要体现特征之一是动力，即从要素驱动、投资驱动转向创新驱动。就本文关注的文化消费领域而言，创新驱动是新常态下我国传统文化产业实现结构和体制转型升级的必由之路。因此，在新常态背景下，艺术品电商平台所推动的全新文化消费模式、产业结构转型和创新型交易理念，不可避免面临前所未有的机遇和挑战。这意味着政府应从文化治理维度给予相应监管和政策供给，以保障艺术品电商平台健康、有序和快速发展。基于以上分析，本文拟提出的核心问题是：在新常态背景下，我国艺术品电商平台面临的主要困境是什么？如何从文化治理的维度，根据政策基础和制度需求探索相应的监管路径转向和政策供给体系？

二、国内外关于平台经济研究的文献综述

20世纪以来，国外一批学者相继开展了平台研究。伴随eBay、阿里巴巴集团取得巨大成功，平台型网络市场逐渐成为研究热点问题。目前，越来越多的企业利用"平台经济"这种颠覆性创新的商业模式改变自己的商业版图。国外关于"平台"（platform）的权威定义是：平台是可以创造价值的资产，以平台为本质的平台型企业将是未来企业发展的方向。

随着新常态经济背景对于现阶段我国文化产业发展的持续、深入影响，互联网电商平台作为新兴文化产业模式在价值和实践层面愈发彰显出契合这种产业背景特征（新常态）的创新驱动色彩。互联网电商平台属于典型的文化产业载体形式创新。即，以互联网平台作为传统的线下艺术品的在线创新交易模式。显然，这种新的文化业态没有实现艺术品思想内容创新或形式创新，而是在4G网络时代体现出从业者借助电商平台实现交易双方实时展示和平台交易。据此，艺术品电商平台作为国内艺术品行业的新兴线上交易形式即为艺术品电商，是以利用计算机技术、网络技术和远程通信技术，实现艺术品交易电子化、数字化和网络化的商务活动。其内涵可以概括为：用互联网的各种方式创造稀缺艺术家、稀缺艺术品、稀缺用户和稀缺体验的艺术消费品电子商务机构。[1]

上述研究表明，平台经济下的互联网企业在我国网络行业属于新兴产业。艺术品电商平台作为我国平台企业的核心主体，学界从产业实践中的新现象和新问题入手，从理论层面分析其存在的问题根源、监管路径和政策供给等价值议题对于拓展

---

[1] 桑子文，金元浦. 互联网+、文化消费与艺术电商发展研究［J］. 山东大学学报（哲学社会科学版），2016（05）：41-50.

平台企业理论的研究范式和研究维度具有一定的参考和借鉴价值。

三、新常态下我国艺术品电商平台的现状、问题和根源分析

（一）新常态下我国艺术品电商平台发展现状概述

与传统商业相比，电商平台利用虚拟网络将商品和消费者连接在一起，中间的环节被压缩，流通成本随之降低，这是电商的极大优势。近年来，我国艺术品市场快速发展，日益成为大众文化消费的重要领域。但艺术品经营中也存在制假售假、虚假鉴定、虚高评估、投机炒作等问题，尤其是艺术品电商、艺术品金融等新型电商平台及其业态问题更为突出，亟待规范。1999年，国内最早的艺术品在线交易平台之一——嘉德在线成立，其后，盛世收藏、雅昌艺术网等一批在线交易平台陆续出现。2011年以后，淘宝、苏宁易购、国美、京东等国内主流综合性电商平台纷纷设立艺术品交易频道。从2013年8月全球在线零售巨头亚马逊推出"亚马逊艺术"频道至今，国内外艺术品电商平台的发展经过了新一轮的"高潮"。2016年12月，雅昌艺术家服务中心的《Hiscox2016在线艺术品交易》报告显示：在线艺术品交易在过去12个月销售总额达30.27亿美元，同比增长24%。[1] 此外，以往拍场包括传统买家和电话委托，现在出现了第三种竞拍力量——"互联网订单买家"，即，艺术品潜在买家和意向买家可以通过互联网远程关注和参与艺术品电商平台的在线交易和拍卖。一方面可以降低现场拍卖的交易成本和风险；另一方面可以保障艺术品买家的隐私和安全。随着互联网艺术品电商平台的兴起，这种新型交易形式有可能成为线下传统艺术品消费群体新的交易选择方式。

因此，艺术品电商平台作为我国新兴文化产业门类之一，其经营策略、交易模式和行业前景日益引起政府、行业、消费者等社会各界的关注和重视。换句话，我国新兴文化产业的实践探索路径与现阶段政府提倡的经济新常态产业振兴背景和理

---

[1] 艾瑞网.2017年中国艺术品电商平台发展研究报告［EB/OL］.（2017-05-15）［2020-02-10］.http：//column.iresearch.cn/b/201705/799098.shtml.

念倡导是极为吻合的，带有鲜明的创新驱动色彩和产业创新意识。

(二) 新常态下我国艺术品电商平台面临的主要问题

1. 艺术品电商难以达到线下交易的艺术氛围和商业效应

大多数艺术品电商企业都是复制了传统的线下拍卖模式，搞成了一个在线拍卖的系统。然而，线上拍卖只是复制了形式，却没有办法复制线下拍卖的体验与氛围，也没有办法复制线下的客户。换句话说，线下拍卖等传统艺术品产业交易方式具有的特有艺术氛围、竞争程度和火爆场面由于艺术品电商平台固有的虚拟交易形式，无法在互联网产业业态中再现其文化精髓、市场本质和消费内涵。众所周知，现场拍卖所塑造的紧张气氛和火爆场面是一直以来拍卖行业得以聚集文化消费者和艺术品买家人气的重要手段和场景营造。尤其是拍卖师在现场可以烘托和打造的紧张刺激的竞拍画面，真实刻画出各位买家对于意向追逐的收藏艺术品的渴求与欲望。这在一定程度上反映出，线下拍卖仍然是被国内外大多数拍卖公司和艺术品买家极为看重和热衷参与的艺术品拍卖方式之一。相比之下，这恰恰是艺术品电商平台难以媲美和固有的内在缺陷。艺术品电商平台固然可以减少交易环节，降低交易风险，减少交易成本，保护潜在买家隐私，但是同时大大降低了拍卖行业极为看中的历史传统——竞拍氛围。

2. 艺术品电商平台缺乏线上与线下的协同互动与有机协作

互联网时代，主流电商平台愈来愈重视线上线下互动，比如，苏宁易购、盒马鲜生、小米之家等O2O营销模式，又称离线商务模式即Online To Offline（线上到线下）。此举措意图打通线上商品预定与线下订单提货环节之间的相对割裂、分离物流产业链。艺术品电商平台作为新兴的O2O营销模式，一旦割裂线上与线下之间的紧密联系，线下互动则无法通过线上交流实现艺术品价值的在线推广和扩散；线上平台同样无法依靠线下庞大的艺术品消费群体扩大线上市场价值。目前，现阶段国内主流电商平台如天猫、京东和苏宁易购等，已经意识到传统电商平台的缺点在于线上互动火爆，线下消费者沟通不足。因此，如何打通线上和线下渠道，是电商平台当下重点考虑和解决的问题。天猫超市、京东小店和苏宁小店的出现就是对于这样的解决方案的探索。就本文所研究的艺术品电商平台，同样存在类似问题。更为特殊的是，相比较传统电商平台的交易商品价值和数量来看，艺术品交易价值要高得多，同时其数量上也较为稀缺。因此，仅仅依靠在线的艺术品图片或视频、文字进行虚拟展示，无法使得潜在买家对于艺术品给予明确的真伪鉴别。由此，艺术品电商行业如果没有闲暇实体店的真品展示或现场讲解，是难以赢得消费者通过电商平台进行艺术品交易的信任和关注的。总的来看，国内现有的艺术品电商平台仍然主要停留在Web1.0时代的门户网站时代特点，还没有有效提出打通线上和线下互动环节的有效思路和实施路径。线上线下艺术品交易平台及其卖家和买家群体之间缺乏公开、透明的信息交流渠道和艺术品价值评价机制，是现阶段我国艺术品电商平台面临的共性困境和难以突破的行业扩展瓶颈。

3. 艺术品电商平台市场公信力不足

艺术品电商平台注重网络平台培育和消费氛围营造，但是针对艺术品行业最为关键的真伪鉴定问题，没有投入相应的人力和技术鉴定，以至于消费者对于在电商平台购买的艺术品缺乏信任度，由此导致艺术品电商平台还没有形成市场公信力。有研究指出，我国艺术品电商运营平台对消费者黏性不足，导致客户群体薄弱且流失严重，没有充分利用数据资源与端口接入优势进行商业模式的创新整合。❶目前，我国大部分艺术品消费者的产品交易理念仍然是基于以面对面鉴定、交易或现场拍卖等传统艺术品交易模式，这种根深蒂固的理念在新常态背景下不利于形成艺术品电商平台的交易氛围和市场环境。目前，艺术品电商平台在行业内和收藏圈内缺乏具有权威性和公信力的行业信息发布渠道和机制，以及艺术品真伪鉴定流程和凭证。这意味着，艺术品电商平台无法形成线下交易具有的艺术品品质和价值的认可度和公信力。因此，艺术品电商线上运营对于大多数传统下线交易群体而言，仍是新兴事物，加之本身艺术品交易具有一定的行业风险和不确定性，由此导致艺术品电商线上运营模式难以形成相对稳定的客户群体。同时，现有的艺术品电商平台竞争激

---

❶ 林诺. "互联网+"视角下艺术品电商模式创新策略［J］. 商业经济研究，2017（15）：82-83.

烈，不断推出优惠策略吸引客户，以至于电商平台之间客户资源相互流动比较频繁。

（三）新常态下我国艺术品电商平台存在问题的根源

1. 艺术品电商线上交易平台与潜在客户信息互动存在不对称性

艺术品电商平台的交易环境因其固有的虚拟性，相对于传统的下线交易，尤其是收藏圈子和拍卖场所等形成的专业性浓郁交流氛围而言，其消费客户在线上处于相对分散、碎片化的信息封闭状态，艺术品买家彼此间及其与艺术品电商平台之间关于艺术品交易信息具有深度的不对称性。诸如，艺术品的来源、渠道、真伪和估价等与艺术品交易有着密切关联的关键信息。事实上，线下艺术品行业已有一定的不对称交易信息，导致我国线下艺术品产业市场规模受到明显的制约，而我国艺术品电商平台在常态背景下持续涌现各类新兴创新理念和具体措施，越来越彰显互联网电商平台的虚拟性特征。虚拟性作为新常态下我国艺术品电商平台这一新兴文化产业的主要特征之一，是导致艺术品电商线上交易环境信息具有不对称性的根本原因之一，而艺术品真伪鉴别难度恰恰是虚拟空间的信息不对称因素造成的。

2. 艺术品电商平台线上交易平台与线下流通渠道缺乏有效协作机制

近年来，随着互联网和移动通信手段迅速发展，艺术品电商平台因其具有的便捷网络流通渠道和艺术品流通速度，使得消费者在艺术品电商平台可以随时随地关注和挑选自己中意的艺术品，但是现有的电商交易平台往往关注于平台本身建设和维护。比如，线上交易的展示性、便利性和快捷性，却没有重视如何把线上艺术品订单交易与线下艺术品提货环节有机结合，由此导致线上展示的艺术品图片与线下消费者收到的艺术品存在视觉割裂。换句话说，一方面，电商平台展示的艺术品图片在线下交易环节有出现赝品的可能性；另一方面，艺术品图片难以真正识别实物的真伪，以至于线下交易无法判断所购买的艺术品与线上展示的艺术品图片中的实物是一致的。众所周知，艺术品是很难仅仅通过电商平台的线上展示辨别其真伪的，如何将电商交易平台的艺术品展示与线下实物交接流程有机结合，是艺术品电商平台亟待解决的问题。

3. 艺术品电商平台市场公信力缺失根源在于市场监管失位或缺位

一直以来，我国艺术品电商平台相对于传统的艺术品行业而言，在市场监管方面存在明显的缺失。其典型表现为现有的艺术品电商平台普遍呈现同质化倾向，网上交易充斥着无序化、跟风性、投机性，以至于艺术品市场良莠不齐、真假混淆，形成表面上的虚假繁荣。上述现象表明，艺术品电商平台市场公信力缺失在于政府没有给予足够和有效的市场监管，从而导致艺术品电商平台缺乏消费认同和品牌培育。2016年1月18日《艺术品经营管理办法》出台，旨在强化艺术品市场规范，此后不久文化部提出八项举措，切实加强艺术品市场管理。上述办法和措施对于推动我国艺术品市场的有序运行发挥了重要作用，但是关于新兴的艺术品电商平台监管问题尚未给予明确、具体的相关对策。因此，我国艺术品电商平台的政策供给不足直接导致市场监管缺乏，这是市场公信度和交易秩序混乱，难以形成良性交易氛围和活跃消费的根源所在。

四、新常态下我国艺术品电商平台监管的路径转向

新常态下，我国艺术品电商平台监管对象包括各类与在线艺术品交易相关的电商平台，包括：综合性电商平台的艺术品频道，如淘宝、苏宁易购、国美、京东等艺术品交易频道；艺术品综合电商平台，如嘉德拍卖、雅昌艺术网和盛世收藏网等；艺术品垂直电商平台，如赵涌在线等；艺术品移动电商，如大咖在线、翰墨千秋艺术交易中心等。在新常态背景下，随着互联网经济形势和监管对象的变化，艺术品电商平台监管路径随之发生新的转变。其监管路径转向体现在政府、市场、社会和消费者等多元维度。

（一）政府维度

目前来看，我国艺术品电商平台存在诸多问题的根本原因在于政府监管缺位或失位。一方面，艺术品电商平台作为我国新兴文化产业的组成部分，一直以来没有进入政府的市场监管视野和政策关注领域。尤其是，在当下传统艺术品行业因种种

原因逐渐萎靡和萧条。比如，有评论指出，眼下国内艺术市场正处于转型期。高端艺术品市场已经形成，市场向着两极化前行：高端精品以不菲价格成交，普品市场显得较为落寞。这一现象也折射出人们认知的成熟与市场的成熟。❶同时，传统的拍卖室内竞价的商业模式迄今为止已经发展了500余年，但是这个古老的商业模式到了今天已经不足以满足当下艺术市场之需求。❷由此可见，在当前的艺术品行业产业形势下，艺术品电商平台作为市场前景看好的新兴产业，理应获得更强有力的政府监管力度与产业政策扶持。另一方面，艺术品电商平台作为新常态下我国文化产业的新兴交易平台与互联网市场体系，其产业特性和行业规则势必与传统艺术品行业有着明显差异性和我前沿性。尤其是，艺术品电商平台涉及互联网产业、艺术品行业等多元跨界产业范畴，其市场交易规则和监管手段相对于传统艺术品行业更为复杂、交集和深入。现有艺术品交易市场的政府监管理念、措施和产业政策不能完全移植或照搬到艺术品电商平台，而应根据新常态下我国艺术品电商平台的现状、问题和趋势适时将政府监管措施和产业政策在修订和完善的基础上纳入相关市场监管领域，并相应制定新的政策法规。因此，从政府维度来看，从传统艺术品行业向新兴艺术品电商平台过渡、转移政府监管和政策倾斜重心，是新常态下我国艺术品电商平台市场监管的首要路径。

（二）市场维度

在新常态背景下，创新驱动作为实现传统艺术品行业向新兴艺术品电商平台进行产业转型升级的核心路径，其核心依据在于政府监管思路的转变。就传统的艺术品行业而言，政府的监管理念和措施大多是站在其代表的社会公益立场和价值取向，而没有人切实考虑到艺术品行业的市场商业利益与经济价值。进一步来说，这种以政府导向为主动权的监管策略会在很大程度上制约和阻碍市场交易中的创新驱动行

---

❶ 中国艺术品网. 艺术品交易逆市飘高 大师精品成市场硬通货［EB/OL］.（2018-02-22）［2020-02-10］. http://www.cnarts.net/CWEB/Appreciation_collection/index_read.asp？typeid=36&page=2&id=35797.
❷ 人民网.2015年我国艺术品平台市场现状分析［EB/OL］.（2015-03-02）［2020-02-10］. http://art.people.com.cn/n/2015/0302/c206244-26618308.html.

为。而随着新常态这一经济背景的崛起，创新驱动应该体现在产业发展的各个领域，而不仅仅是在产业运行自身环节；更重要的是，产业创新升级仅仅局限于行业经济层面是远远不够的，必须上升到政策宏观层面扩大转变政府监管的思路和立场。换句话说，以艺术品电商平台为代表的新兴文化产业迫切需要政府从市场的维度设计、考量和提供产业亟待需求的产业政策，这是在理念和价值层面基于新常态背景所实现的创新驱动。显然，从市场维度来看，新常态下艺术品电商平台的市场监管路径应该实现从政府主导向市场立场转换。即，新兴文化产业相比较传统文化产业更需要政府宏观层面的监管理念变革，从而形成规范和激活市场活力的创新驱动战略，这是新常态下政府监管路径的必然转变。

（三）社会维度

作为以往监管相对缺失的产业领域，政府应对艺术品电商平台加大监管力度。但是，艺术品电商平台在我国文化产业发展中是极具潜力和前景的朝阳产业，在政府给予这种新兴艺术品行业中的市场交易秩序适当的规制、规范对策的同时，还应该出台相应的政策措施，大力扶持艺术品电商平台这一新兴文化产业，使其在我国文化产业体系中能够越来越凸显示范与带动作用。显然，新兴文化产业领域的艺术品电商平台由于市场准入机制缺失、交易品真实度难以识别、交易规则不完善和交易信息不对称等行业不健康表象既面临着政府规制的监管需求，但是其富有的蓬勃的产业活力、新颖的交易模式和潜在的经济利益亟待政府在人才集聚、资本投入、市场培育和环境营造等诸多社会资本和文化资源层提供必要的政策倾斜举措，体现出政府市场监管的政策导向。因此，从社会的维度来看，形成新常态下艺术品电商平台的市场监管路径应该是从以往政府对于新兴文化产业的规制策略为主向规制与扶持并重的监管方向转向。其原因在于，现有的艺术品电商平台发展数据显示，这是一个值得政府重点打造和扶持的新兴文化产业领域。在这种情形下，将我国优秀的艺术品资源与优质的电商平台有机融合构建成一种艺术品交易新兴行业，在产业政策扶持下有可能相对于国外相关产业形成差异性竞争优势。

艺术类高校大学生文化领域创新创业人才培养探讨

■ 大连艺术学院　王俊奇

摘　要：本文以文化领域为切入点，探讨如何培养艺术类高校的创新创业人才。分析艺术类高校培养创新人才的意义，解析创新创业人才的特征和培养要求，结合具体学院为例，剖析艺术类高校大学生创业的优势并对艺术类高校文化创新创业人才培养给出对策和建议。

关键词：艺术类高校；文化领域；人才培养

2015年3月，国务院办公厅印发《关于发展众创空间推进大众创新创业的指导意见》，部署推进大众创业、万众创新工作。以营造良好创新创业生态环境为目标，以激发全社会创新创业活力为主线，以构建众创空间等创业服务平台为载体，有效整合资源，集成落实政策，完善服务模式，培育创新文化，加快形成大众创业、万众创新的生动局面。众所周知，创新已成为时代进步和发展的必然要求，面对大众创业的时代，作为高校大学生更是其中的生力军。尤其是近年来，随着我国高等教育的大众化、高校的不断扩招、民办高校的蓬勃发展，大学生的数量日益增加，形成了这个社会的一个独有群体，在社会中扮演着越来越重要的角色。因此，大学生的创新创业教育就显得更加重要。高等院校通过对大学生进行创新创业教育，一方面可以很好地推动我国高等教育教学改革，改革现有的人才培养模式和教学模式，提高大学生的应用能力和创新精神，进而提高全民的创新意识；另一方面可以解决大学生的就业问题，使其专业知识尽快转变为社会生产力。

一、艺术类高校大学生开展文化领域创新创业人才培养的意义

（一）艺术类高校开展文化领域创新创业人才培养，是文化产业快速发展的需要

创新产业潜在的巨大能量已经逐渐被世人发现，特别是西方一些国家，经过多年的探索，纷纷将本国的创新产业作为推动国家文化产业发展跟社会整体经济持续健康发展的一个重要手段。而在文化产业大发展、大繁荣的中国，人们也意识到了培养一大批艺术类创新创业人才，发展中国的文化创意产业模式势在必行。很多行业的发展现状都证明了创意文化产业强大的生命力和良好的发展态势。有了高素质的文化创新产业人才，才能孕育一块文化创新产业的好土壤，进而将创意文化事业发展起来。所以在艺术类高校开展创新创业人才培养，对我国文化产业快速发展具有重要的意义。

（二）艺术类高校开展文化领域创新创业人才培养，是其教育可持续发展的需要

在如今高校竞争生源的背景下，所有的高校包括艺术类高校都要面向市场办学，其生存和发展直接受控于学生家长和学生，而国家的经济发展对于创新创业人才的需求使得艺术类高校开展创新创业教育成为必要。此外，随着高校以往毕业包分配制度的改革，大学生在毕业后面临自主就业的问题，随之而来的就业难也就成为突出问题。开展创新创业教育人才培养，可以提高学生的创造力培养应用型人才，有了创业意识和创新能力的大学毕业生可以自主创业，这就有效缓解了大学生就业难问题，从而提升本校的核心竞争力，促进学校的可持续发展。

（三）艺术类高校开展文化领域创新创业人才培养，是建设社会主义和谐社会的需要

艺术类高校培养创新创业人才，不仅能解决毕业生就业形势严峻的问题，而且能创造新的就业岗位，有效解决人民群众在经济体制转型和产业结构调整下的就业

难问题。从而促进社会经济的发展和社会环境的安定，能有效支持、推动国家创新体系的建立，促进社会稳定、和谐、发展、繁荣，实现中华民族伟大复兴。

二、文化领域创新创业人才的特征和培养要求

从人才培养角度来看，创新是指大学生在以后的工作中，为适应组织内外环境的变化，或根据企业可持续发展要求，遵循企业市场运营规律，对组织的全部或局部进行变革，从而获得组织更好发展的活动。创新是企业和社会发展的动力源泉，创新能力是人才的核心能力。创业是指大学生为了实现自身发展或就业的需要，利用其自身能力和现有资源，在市场环境中寻找并把握创业机会，达到成功创业，以实现自我价值、经济价值和社会价值的过程。

（一）具有扎实广泛的专业基础

创新是在知识和技能原有的基础上进行发明创造，如果不了解一些专业基础的理论知识和技能，创新就好比无源之水、无本之木，只是凭空想象，缺乏理论基础和可行性，变成妄想。很多的创新成果也是学习在一定的专业知识和经过实验后，开阔思路，博采众长，然后融会贯通创造出来的。

（二）具有发散思维的能力

创新人才的思维不能是单一化的思维，只从一个角度考虑问题，而是要求其不仅能定式地进行顺向思维，还能进行逆向思维并进行发散思维。创新人才的培养要注重锻炼其思维的灵活性和多元性，要求这些学生在面对问题时能够打破思维定式，另辟蹊径，创造性地分析问题，给出解决方案。

（三）具有敏锐的洞察力和领导力

创新创业人才一定要具有创新意识和学习意识，能敏锐洞察一切机遇，并具

汇集各种资源为我所用的能力,在面对商机时既要谨慎并对风险有预知和承担的能力,又要有大无畏的进取精神和开拓精神。具有一定的领导力,是个有人格魅力的领导者,执着敬业、勤劳进取、诚实守信,具有良好的经营管理能力和沟通能力,能适应高压的工作并具有良好危机应变能力。

三、艺术类高校大学生文化领域创新创业的优势分析

(一)外部条件

国家为在校大学生提供了一系列的政策优惠和扶持。大学生在进行创业贷款时,可优先进行审批,并且贷款的申请条件也会适当放松;同时,在成立创业公司时,在注册的程序上会适当放松;在税收上也会给予大学生创业项目相应的优惠和扶持;同时还会适当地减免其他一些费用;同时,各大高校响应国家和教育部的相关政策,开设大学生创新创业专项课程,还与劳动就业部门为在校大学生提供了各种全面免费的创业培训。增强创业者的专业及理论素养,提高创业成功率。这些为大学生成功创业创造了宽松和谐的外部社会环境。

(二)艺术类高校学生思维活跃,敢于尝试

同所有的大学生一样,艺术类院校的大学生也正处于青春期,正所谓"初生牛犊不怕虎",他们在思考问题和做事上都有着青春年少的一面。一方面,他们有冲劲,对未来、对创业充满了信心与激情,而信心和激情对成功创业是很重要的两个因素。另一方面,他们处于互联网最高速发展的时期,这是一个知识信息大爆炸的时代,他们每天都要接触大量的信息,这就造就了这些大学生对新知识、新技术和新事物的接受领悟能力特别强,可以迅速接受并利用这些。尤其是艺术类专业的学生,他们个性鲜明,有独特的想法,并有着艺术家的那种执着与纯真,会积极地将想法付诸实践,创新能力极强;他们善于头脑风暴,创业时思维活跃、集思广益,具有较强的创新意识。

（三）专业知识系统全面，有较好的创业软环境

艺术类高校的大学生除从小学习艺术特长外，也从小学到大学共接受了十几年的正规、系统的教育，形成了较为全面完善的理论知识体系。这些大学生无论是知识、专业理论水平还是技能，都是一个较高的群体。另一方面，大学生在创业时，大部分都是从自己所学专业，或是其延伸领域，或是自身很有兴趣的研究方向入手进行创建，这样能够充分地发挥在校大学生较好的专业理论基础和技术基础，在成功创业方面很好地扬长避短，充分发挥自己的优势。再者，大学校园是一个汇聚各种人才的地方，在这里可以轻松找到适合自己创业项目的各种人才组成创业团队，并且这里有着教师和专家的技术指导，校园的各种硬件设施，所以这也是艺术类高校学生成功创业中的一项关键因素。

（四）家庭支持提升了艺术类大学生的创业意识

随着人们生活条件的不断提高，很多人在解决了基本生活所求后开始注重精神层面，追求艺术享受，并且给子女艺术上的教育和培养。人们都了解，培养一个艺术专业大学生，从小到大在其特长上的投入是非常多的，同时，艺术类大学生的学费和各种学习材料的消耗费用也最多，这就意味着，大部分艺术类专业的学生的家庭条件相对较好，有富余的收入投资其学习。这样的家庭更容易支持子女去创业，而不是一毕业就因为生活所迫必须去找工作养家，疲于奔命。甚至很多家长就是子女创业的天使投资人，用自己的实际行动支持其创新创业。在面临创业的风险压力时，也相对更容易缓解。同时，这些让子女选择艺术类专业的家长更注重孩子的素质培养，而非死读书本，所以这些学生的创造力、想象力和创新能力都相对较高。

四、艺术类院校文化领域创新创业人才培养对策及建议

（一）以文化艺术管理为主体的创业教育

要想使创新创业教育在一所学校内得到蓬勃发展，应该以某一单位为主体开展，

而不是各部门各忙各的，各自使用自己有限的资源故步自封地进行。而是在统一的管理下，结合各自艺术领域进行创新和创业，发展创意文化。以大连艺术学院为例，这个主体单位可以是文化艺术管理学院，这里有懂得文化艺术管理的人才，可以给艺术类学生普及管理知识，帮助他们去运营创业项目，电子商务专业可以结合"互联网+"的热潮，在互联网上做宣传、推广，真正组建一支多元化过硬的创业团队，统一进行运营管理，各司其职，各补所长，实现资源利用最大化。这点我们可以借鉴国外的成功经验，国外的创业教育都是以商学院、管理学院为主体开展的，最早的创业者也都是来自管理专业的。创业教育所涉及的主要内容绝大多数是商学院所讲授课程和研究内容。因此，应该以文化艺术管理学院为主体，统筹考虑大学生创新创业教育的模式和对策。

（二）构建全方位的创业支持体系

基于对我院大学生创业的调查情况及审视，我们学院大学生创业成功与否的关键之因素是需要学院从不同层面、多渠道构建全方位的艺术院校大学生创业支持体系。首先，借助国家"大众创业、万众创新"的契机，营造良好的校园创业文化和氛围。由于我国的高等教育创新创业教育起步较晚，导致大学生整体的创业氛围比之国外院校要差很多，氛围不够浓厚，有些流于形式，没有受到足够的重视。现在正可以利用全社会都在积极引导创新创业的大好时机，注重大学生创业观的树立，全面推进我院创新创业教育。从思想认识上首先正视起来。再者，积极鼓励学生参加大学生创新创业训练计划，鼓励本院教师和学生成立公司或工作室，将自己的艺术设计、作品和好的理念转化成为商品。对此我院专门建设了大连艺术学院创意产业园，给这些好的创新创业项目提供场地进行孵化。

（三）建立艺术院校特色的创业教育课程体系

我院在设置创新创业教育课程体系时，从创新创业意识类、知识技能类、能力素质类和实践类几个方面入手，根据自身的特点设置包括艺术专业课、管理学和商业普及课、公共文化课、创新创业教育课，拓宽学生的知识面，提高学生的创新创业能力。将这些课程结合起来，在授课过程中延伸创新创业教育，以提高学生的创业才能。再者，必须加强和创新创业教育有关的专业实践课或创新创业实践课，如前文提到的，培养学生的洞察力和领导力等创新创业人才应该具备的各项能力，以实现培养艺术类院校创新应用型人才的目标。除课程设置外，在创新创业教育中，我院还应该从社会上聘请优秀的创业成功人士、企业家，尤其是我院毕业生中的创业成功者组成专家小组，定期来学校给学生进行培训或创新创业专题讲座。讲授内容可以选取企业的实际创新案例，让学生更身临其境的理解创业，培养自身的综合素质能力。

（四）创业教育形式多样化

为实现创新创业教育与艺术专业教育的结合，人才培养的形式可以多样化，并且分层次。第一，在新生入学时进行创业教育。这时候学生对于未来比较迷茫，就要对新生有针对性地进行职业规划，帮助其构建未来的职业构想。第二，在大二、大三可以引入创业导师辅导制。选派有创业经历经验和创新能力素养的校内外人士担任导师，为专业实践考核、创业大赛等做准备，此阶段不是真正参赛，而是选取其中一些环节作为项目模块来完成，指导学生模拟创业。第三，进行产学研多维合作，积极利用实践基地和实习基地，学生以项目小组的形式与基地企业进行合作。第四，在学生大四时，指导学生参加国家、省市、校级的各种学生创新创业比赛，提高学生的创业积极性。

（五）组建我院创新创业学生社团

通过组建创新创业学生社团，让拥有创业梦想的各专业人才聚集在一起，通过彼此的沟通，找寻自己感兴趣的创业项目，自由组建团队，将彼此共同的艺术梦与创业梦结合。在团队中，每个参与的成员都有自己独特的分析方法、独到的见解，能够从不同的角度和层次分析问题，优势互补提高我院整体创新创业能力。通过对本专业学生的调查，了解到一些学生和校园其他专业的学生组队在外边自己创业，文管学院的学生负责项目策划与网络推广，编导专业的学生负责微电影等视频的制作与剪辑，美术、艺术设计专业的学生负责广告设计、海报制作等，表演、舞蹈、音乐等专业负责宣传活动的现场演出等。这样是对本校人才资源的高效合理利用。

五、结语

要想培养出一大批优秀的艺术类高校文化领域创新创业人才，要重点抓好以下几个方面的工作。一是在艺术类高校的校园乃至整个社会营造创新创业文化氛围。积极倡导敢为人先、宽容失败的创新文化，树立崇尚创新、创业光荣的价值导向，宣扬企业家精神和创客精神。二是增加各层次的创新创业活动，学校联合各级政府职能部门继续办好创新创业大赛和创业培训活动。同时继续健全导师创业辅导制度。三是推进实施大学生创业引领计划在艺术类高校的实施，学校给大学生创业适当提供场所、公共服务和资金支持。四是利用高校资源培育发展天使投资群体和完善创业投融资机制。

通过这几年的探索，艺术类高校文化领域创新创业人才培养取得了一定的成绩，但培养的创新人才相比之下还是少数，很难满足国家文化产业经济发展和社会发展的需要。文化产业作为战略性新兴产业以及新的经济增长点，日益成为地区经济综合竞争力和可持续发展能力的基础指标和关键因素，在国民经济中有着越来越重要的地位。在"大众创业、万众创新"新形势下，艺术类高校应该抓住新机遇，迎接新挑战，培养更多的艺术类创新创业人才，找到"双创"与文化产业发展的契合点，以人才带动产业发展。同时，文化产业的繁荣又进一步促使高校尤其是艺术类高校适应其发展改革自身人才培养方式，实现共同发展。促进文化创意学界、产业界的互动合作，共同推动双方文化创意产业的发展。

后　　记

　　中秋九月，钱江潮起。杭州白马湖畔，处处燃动着文化的魅力与创意的激情。2019年9月21日上午，作为第十三届杭州文化创意产业博览会的重头戏，第20届白马湖论坛在杭州白马湖建国饭店开幕。本届论坛以"创意共生·产业共赢"为主题，来自百余所高校、科研机构、行业协会及文创企业的200多位嘉宾齐聚一堂，共同探讨新形势下新时期文创发展的路径与未来。

　　文化创意产业发展与经济社会发展各个方面都有着密切关系和联动效应，与人才教育、创意设计、特色 产业、业态创新紧密融合。文化是血脉、是根脉、是基因、是灵魂，文化教育人、启迪人、感染人、凝聚人。文化是记录历史的博物馆，是走向世界的通行证，是世代传承的播种机。这次白马湖论坛把"创意共生·产业共赢"确定为会议主题，就是要更好地推动中国优秀传统文化精神理念深入人心，更好地推动文创教育与产业的融合发展，推动青年创业创新创业与区域文化创新的融合发展。

　　本研究报告精选了白马湖论坛图稿中的20多篇优秀论文以飨读者，着力重现论坛现场的观点交锋与学术探讨。这些论文从人才教育、园区发展、区域产业等多个方面分析了文化创意产业的新趋势、新观点和新路径，体现了高校对于文化创意产业发展的理论思考与社会担当。

　　此次研究报告的顺利出版离不开杭州市委宣传部、市文创发展中心以及滨江区的鼎力支持。来自中国传媒大学文化产业管理学院的李柯燕、杨冬冬、吴奕瑶、骆杰、郑辛酉、张睿凯等同学全程参与了研究报告的整理与编撰工作，知识产权出版社李石华编辑也为研究报告的编辑出版给予了热情指导。他对于文字的认真、对于工作的负责也给我们留下了非常深刻的印象！在此一并表示感谢。

期望这部研究报告能够有效地传递文化创意产业研究前沿信息，为师生学子以及文创从业人员提供一定的理论思考！为文化创意产业的创新发展搭建强有力的学术平台！

《2019文化创意产业研究报告》编委会

2020年7月